Sushi-Bar

Japanischer Genuss häppchenweise:
Sushi, Suppen, Salate und Spießchen

Text
Tanja Dusy

Styling & Fotografie
Studio L'EVEQUE Tanja & Harry Bischof

Titelbild
Die auf dem Umschlag abgebildeten Nigiri-Sushi mit Thunfisch (vorne) finden Sie auf Seite 23, die Futo-Maki mit Tofu und Kürbis (hinten) auf Seite 56 und die Hähnchen-Ramen-Suppe (rechts) auf Seite 83.

Willkommen in der Sushi-Bar

Und was es hier außer Reis und Fisch noch alles zu entdecken gibt ...

Sushi-Bars sind voll im Trend. Kein Wunder, denn die frischen Happen sind die gesunde und leckere Alternative zum Fast-Food-Imbiss oder dem schweren Menü im Restaurant. Neben Sushi mit oder ohne Fisch bieten viele Lokale inzwischen zusätzliche Kleinigkeiten an: mariniertes Gemüse, eingelegten Fisch, Frittiertes oder ein Schälchen Suppe. Otsumami heißen diese Snacks in Japan und werden wie spanische Tapas einfach in Bars zu jedem bestellten Glas serviert. Da ist man nicht nur beim Running Sushi am laufenden Band versucht, zuzugreifen. Weil das aber ganz fix ins Geld gehen kann, bleibt als Alternative die Sushi-Bar zu Hause! Nicht zuletzt, weil Sie dort einfach ein paar Häppchen mehr zubereiten und nette Freunde einladen können. Oder noch besser: Wie wär's mit einem gemeinsamen Sushi-Roll-Abend?

Das geht ganz unkompliziert, weil alle Rezepte in diesem Buch so angelegt sind, dass Sie sie je nach Anlass und Gästezahl perfekt kombinieren können. Als Faustregel für die Anzahl an Sushi pro Person gilt: Als Vorspeise reichen 2–3 Nigiri oder Gunkan und 1/2–1 Rolle Maki (à 6 oder 8 Stück). Zum Sattessen darf es pro Person gut und gerne das Doppelte sein – je nachdem, was Sie noch an anderen Snacks anbieten. Deshalb sind die Mengenangaben bei den Rezepten im Regelfall für zwei Personen zum Sattessen gerechnet, für vier reichen sie dann entsprechend in Kombi mit einem weiteren Gericht. Das entspricht ganz der Esstradition in Japan, wo meist viele Schälchen zugleich auf dem Tisch stehen und jeder sich nimmt, was er möchte.

Und genau so wollen Sushi dann serviert werden: Jeder bekommt sein eigenes kleines Schälchen mit Sojasauce, in das er dann ganz nach persönlichem Geschmack Wasabipaste einrührt. Dazu wird noch ein Häufchen Gari – eingelegter Ingwer – gereicht. Er wird einfach zwischendurch als neutralisierende Gaumenerfrischung gegessen. Wer will, isst mit Stäbchen, aber auch das Essen mit den Fingern ist – was Sushi angeht – erlaubt. Als unfein gilt es dagegen, Sushi in Sojasauce zu baden. Sie werden nur kurz, bei Nigiri mit der Fischseite, in die Sauce gedippt und wandern dann in einem Happs in den Mund. Zum Abbeißen sind wirklich nur die großen, tütenförmigen Temaki geeignet.

Stilecht reichen Sie zum Essen japanischen grünen Tee oder Sake. Der japanische Reiswein wird dazu schonend im Wasserbad erwärmt und aus kleinen Schälchen getrunken. Aber auch Bier wird in Japan immer beliebter und schmeckt prima zu Sushi – egal ob aus japanischer oder deutscher Brauerei, Hauptsache gut gekühlt. Vielleicht servieren Sie bei einer Einladung zur Sushi-Party vorneweg ja noch einen der Drinks von Seite 18/19 mit etwas japanischem Reisgebäck. Ganz in diesem Sinne: »Itadaki-masu« – Guten Appetit!

1

2

3

4

5

6

7

Sprechen Sie Sushi?

1 | Nigiri-Sushi

Die schlichteste und typischste Sushi-Form: Ein länglich geformtes Reisbällchen, auf das ein auf der Unterseite dünn mit Wasabi bestrichenes Stück Fisch gelegt wird. Besonders wichtig ist dabei, dass Fisch und Reis in eine schöne Form gedrückt werden – japanische Sushi-Meister unterscheiden hier die verschieden gewölbten Nigiri-Formen sogar namentlich.

2 | Gunkan-Sushi

Der Name bedeutet so viel wie »Schlachtschiff-Sushi«. Dabei handelt es sich eigentlich um nichts anderes als Nigiri-Klößchen, um die ein Streifen Norialge gelegt und mit einigen Reiskörner festgeklebt wird. Dank dieser »Reling« können hier kleinteilige, cremige oder weiche Füllungen wie beispielsweise Kaviar oder Tatar nicht über (Reis-)Bord gehen.

3 | Maki-Sushi

Sie haben ihren Namen von der Bambusrollmatte Makisu. Bei den dünnen Hoso-Maki wird meist nur eine Zutat in Reis und ein Norialgenblatt gerollt. Bei den »dicken« Futo-Maki-Rollen können es drei bis fünf verschiedene Zutaten plus Reis sein. Bei Ura-Maki wird das Algenblatt mit in den Reis eingerollt. Übrigens: Diese oft auch »Inside-out-Roll« genannte Rolle hat ihren Ursprung bei japanischen Köchen in den USA.

4 | Temaki-Sushi

Sushi direkt auf die Hand: Norialgen werden hier zu kegelförmigen Tüten gerollt. Der Reis darin ist eher locker und die übrigen Zutaten können ganz nach Wunsch zusammengestellt werden. Ideal für ein Sushi-Selbermach-Büfett mit Freunden!

5 | Oshi-Sushi

Die in einem Holzkasten gepressten Schicht-Sushi werden in Japan auch nach diesem Kasten »Hako-Sushi« genannt. Dafür wird Fisch in einer rechteckigen Holzform ausgelegt. Darüber kommt Reis, der mit einem Holzbrett zu einem Block gepresst wird. Der gestürzte Reisblock wird zum Servieren in mundgerechte Streifen oder Würfel geschnitten.

6 | Temari-Sushi

Die aus Wollresten gefertigten Spielbälle japanischer Kinder gaben diesen Mode-Sushis ihren Namen. Hier wird Reis samt Belag mit einem Tuch oder einer Plastikfolie zu einer runden Kugel gedreht. Schnuckelig klein geben die Reisbällchen mit unterschiedlichstem Belag nette Partyhäppchen ab.

7 | Chirashi-Sushi

Das einfachste Sushi und alltäglicher Hit in der japanischen Haus-Sushi-Bar: Hier werden die übrigen Zutaten einfach auf einer Schale mit Sushi-Reis »verstreut«.

1

2

3

4

ALL NATURAL
KONA
WASABI
POWDERED HORSERADISH
KEEP DRY
PREPARED WASABI IN TUBE
S&B
WASABI
PREPARED WASABI IN TUBE
WASABI

5

6

甘酢しょうが
JAPANESE PICKLED GINGER
SUSHI-GARI
鮨

7

ROASTED SEAWEED
焼のり

Die Basiszutaten für selbst gemachte Sushi

1 | Sushi-Reis

Ein spezieller polierter Rundkornreis, der beim Kochen zwar schön bissfest und körnig bleibt, aber gleichzeitig klebrig ist. Ersatzweise geht notfalls ein Risotto-Reis. Langkorn- und Parboiled-Reis oder die beliebten asiatischen Reissorten wie Duft- oder Basmati-Reis eignen sich dagegen überhaupt nicht.

2 | Kombu

Der getrocknete, in feuchtem Zustand fast ledrig wirkende Tang wird zum dezenten Parfümieren von Sushi-Reis, aber auch von anderen Gerichten wie Dashi-Brühe oder Fisch verwendet.

3 | Reisessig (Su)

Der aus Reis gebraute Essig ist milder als Wein- oder Apfelessig. Zusammen mit Zucker und Salz, wird daraus »Sushi su« – die Essigmischung zum Säuern von Sushi-Reis. Wer sich diese Arbeit sparen möchte, kann bereits fertigen Sushi-Essig kaufen. Bei der Verarbeitung von klebrigem Sushi-Reis helfen 2 EL Essig in 1/2 l Wasser: zum Befeuchten der Hände und Abwischen von Messern.

4 | Wasabi

Die frischen Wurzeln des japanischen Wasabi-Meerrettichs sind hierzulande kaum zu bekommen. In getrockneter, pulverisierter Form rührt man ihn einfach zur gewünschten Konsistenz oder nimmt fertige Paste aus der Tube. Aufgrund seiner antibakteriellen Wirkung kommt Wasabi bei der Verwendung von rohem Fisch häufig zum Einsatz.

5 | Sojasauce (Shoyu)

Die aus Sojabohnen, Weizen und Wasser gebraute dunkle Sojasauce wird zum Dippen von Sushi verwendet. Sie ist milder als chinesische Sojasauce. Wenn Sie es beim Kochen noch milder mögen, verwenden Sie helle Sojasauce.

6 | Eingelegter Ingwer (Gari Shoga)

Die hauchdünnen, recht scharfen Ingwerscheiben gehören zu jedem Sushi-Menü und werden einfach zwischendurch gegessen. Man kann die Ingwerpickles in Gläsern oder in Plastikbeuteln verschweißt im Asienladen kaufen. Einmal angebrochene Beutel am besten samt Marinade in ein sauberes Schraubglas umfüllen – so hält sich der Ingwer im Kühlschrank mehrere Wochen.

7 | Noriblätter

Diese Blätter aus getrockneten, gepressten Algen brauchen Sie zum Umhüllen von Maki-, Gunkan- und Temaki-Sushi. Meist in viereckiger Form, lassen sie sich einfach mit einer Schere nach Wunsch zuschneiden. Es gibt sie geröstet oder ungeröstet zu kaufen, wobei die gerösteten aromatischer sind. Zum Selberrösten die Blätter einfach in einer beschichteten Pfanne erhitzen, bis sie aromatisch duften.

1

2

3

Grundrezept
Sushi-Reis

die Grundlage für alle Sushi-Rezepte | *Zubereitung: ca. 30 Min.* | *Quellen: 30 Min.* | *Pro Portion: ca. 890 kcal*

Für 1 Portion
(ausreichend für jeweils
2 Rezepte dieses Buches)

250 g Sushi-Reis
1 Stück Kombu
(ca. 4 x 5 cm, nach Belieben)
3 EL Reisessig
2 EL Zucker
1 TL Salz

Außerdem:

sauberes Geschirrtuch
große flache Holz- oder Porzellanschale
Holzspatel

1 Den Reis in eine Schüssel geben, reichlich kaltes Wasser zugießen und vorsichtig mit den Händen rühren. Dabei nicht zu kräftig rühren, sonst brechen die Körner. Das milchige Wasser abgießen. Diesen Vorgang noch drei- bis viermal wiederholen, bis das Wasser fast klar bleibt (**Bild 1**). Den Reis nochmals in kaltem Wasser einweichen und 30 Min. quellen lassen.

2 Den Reis in ein Sieb abgießen. Mit 270 ml Wasser und eventuell Kombu in einen Topf geben (**Bild 2**). Zugedeckt bei starker Hitze 1–2 Min. aufkochen lassen, dann bei sehr schwacher Hitze zugedeckt 10 Min. garen. Den Topf vom Herd nehmen, Deckel abheben und das Geschirrtuch über den Topf breiten. Den Reis 15 Min. abkühlen lassen.

3 Inzwischen Essig, Zucker und Salz in einem kleinen Topf unter Rühren erwärmen, bis sich Zucker und Salz vollständig gelöst haben.

4 Den Reis in der Schale verteilen, Kombu entfernen. Den Reis handwarm abkühlen lassen. Die Essiglösung über den Reis träufeln und mit dem Holzspatel unterarbeiten. Dafür diagonale Linien in den Reis ziehen – nicht umrühren (**Bild 3**). Mit dem Spatel Luft zufächeln oder den Reis mit dem Fön auf Kaltluftstufe ca. 8 Min. kühlen und trocknen. Bis zum Verarbeiten ein feuchtes Geschirrtuch über die Schale legen.

Sushi-Werkzeuge – die Grundausstattung

1 | Schüssel & Spatel

Ist der Sushi-Reis erst einmal gekocht, sollte er zügig auskühlen. In Japan wird er dafür in spezielle runde Holzschalen (Hangiri) gefüllt, die keine Hitze speichern, wie etwa Metall, und dem Reis zusätzlich überschüssige Flüssigkeit entziehen. Eine Porzellanschüssel oder unglasierte Ton- oder Steingutschale erfüllt hier denselben Zweck. Zum Verteilen des Sushi-Essigs brauchen Sie einen flachen Holzspatel, mit dem Sie dem Reis auch kühlende Luft zufächeln können. Preiswerte Bambusholzspatel gibt es in Japan- oder Asienlebensmittelgeschäften.

2 | Sushi-Bambusrollmatte & Frischhaltefolie

Die Matte aus aneinandergebundenen Bambusstäbchen (Makisu) zum Herstellen von allen Maki-Sushi-Rollen finden Sie in vielen Asienläden. Nach Gebrauch immer gründlich mit einem feuchten Tuch reinigen. Für Ura-Maki (Inside-out-Rolls) schlägt man die Matte einfach in Plastikfolie ein, damit kein Reis daran kleben bleibt.

3 | Messer

Japanische Sushi-Meister haben eine umfangreiche Messersammlung zur Auswahl. Wichtig ist ein Messer mit langer, dünner Klinge zum Zuschneiden von Fisch, ideal ist hier ein richtiges Sushi- oder Sashimi-Messer. Es sollte immer gut geschärft sein, eventuell mit einem japanischen Schleifstein. Zusätzlich brauchen Sie ein großes, schweres Messer für alle übrigen Zutaten und zum exakten Schneiden von Maki-Sushi sowie ein kleines Universalmesser zum Schneiden von Gemüse und Kräutern.

4 | Arbeitsbrett

Ein stabiles, gut auf der Unterfläche haftendes, richtig großes Brett zum Schneiden oder auch Rollen von Sushi ist Standardausstattung. Egal ob aus Holz, Plastik oder Glas, wichtig ist – speziell wenn roher Fisch darauf geschnitten wird –, dass Sie es anschließend immer gründlich sauber schrubben.

5 | Grätenzange

Für grätenfreien Fisch ist die Anschaffung einer speziellen Grätenzange mit breiten Greifflächen sinnvoll. Wer dafür ansonsten absolut keine Verwendung hat, kann auch eine Pinzette verwenden.

6 | Essigwasser & Geschirrtuch

Sushi-Reis klebt extrem. Stellen Sie deshalb immer eine Schale mit Essigwasser bereit, um damit die Hände anzufeuchten oder zwischendurch zu säubern. Ein sauberes, am besten vorher angefeuchtetes Geschirrtuch hilft ebenfalls, Hände oder Schneidemesser, speziell beim Schneiden von Maki-Sushi, zwischendurch abzuwischen.

7 | Ingwerreibe

Zum Reiben von Ingwer, Wasabi oder Rettich gibt es in Japan spezielle Reiben (Oroshi-Gane) mit scharfen, kantigen Zähnchen. Inzwischen gibt es diese Reiben – meist aus Keramik – auch bei uns in Küchenfachgeschäften und manchen Bioläden.

1

2

3

4

5

6

7

Kleine Sushi-Fischkunde

Worauf Sie beim Fischkauf unbedingt achten sollten

Woran man frischen Fisch erkennt. Roher Fisch für Sushi oder Sashimi muss einfach topfrisch sein. Ein Fischhändler, dem Sie absolut vertrauen können, ist dabei die beste Option. Fragen Sie am besten direkt nach frischem Fisch in Sashimi-Qualität, den Sie wirklich bedenkenlos roh essen können. Ganze frische Fische erkennt man an klaren, glänzenden Augen, roten Kiemen und daran, dass sich das Fleisch bei Fingerdruck fest anfühlt und keine Druckdellen entstehen. Fisch darf auf keinen Falls »fischig« riechen. Fischfilets, die dunkle oder trockene Stellen haben, lassen Sie ebenfalls besser liegen. Doch egal ob ganzer Fisch oder Filet, beides sollte nach dem Kauf umgehend in den Kühlschrank wandern und unbedingt noch am Kauftag verarbeitet und gegessen werden.
Wenn Sie tiefgekühlten Fisch verwenden, lassen Sie ihn langsam und zugedeckt im Kühlschrank auftauen. TK-Fisch hat den Vorteil, dass er direkt nach dem Fang noch an Bord gefrostet wird. Damit ist er im Regelfall sogar noch frischer als gekühlt transportierter Frischfisch. Einmal aufgetaut muss er allerdings rasch verarbeitet werden.

Die besten Sushi-Fische. Traditionell beliebt sind vor allem fettreiche Fischsorten, die besonders geschmacksintensiv sind, wie z. B. Lachs, Makrele oder Thunfisch. In Japan gilt der fette, rosa marmorierte Bauch (Toro) des Thunfisches als Delikatesse und wird dem mageren roten Fleisch (Maguro) vorgezogen. Thunfischfilet sollte möglichst leuchtend himbeerrot sein, dunkelbraune Stellen lassen Sie gleich vom Händler entfernen. Grau-braun blass wirkendes Filet mit sichtbaren weißen Sehnen sollten Sie auf keinen Fall nehmen. Bei Lachs oder Thunfisch für Nigiri-Sushi lohnt es sich, ein bereits in rechteckige Sashimi-Blockform zugeschnittenes Filet zu kaufen, das sich dann am einfachsten zuschneiden lässt. Zu Hause prüfen Sie nochmals, ob alle Gräten entfernt sind und zupfen eventuell verbliebene mit einer Grätenzange oder Pinzette heraus. Braune Stellen, vor allem an Makrele oder Lachsfilet, besser wegschneiden, sie schmecken oft tranig.
Darüber hinaus schmecken viele andere »magere« Fische, wie z. B. Forelle, Wolfsbarsch, Seezunge oder Brassen. Auch hier sollte Frische oberste Priorität haben. Das gilt ebenfalls für Muscheln, wie Austern oder Jakobsmuscheln, die Sie beide roh essen können. Für alle, die mit rohem Fisch so ihre Probleme haben: Fisch, Garnelen, Muscheln oder Surimi (gepresstes Fischfleisch) schmecken auch gegart in Sushi lecker, ebenso wie Räucherfisch fast jeder Art.

Noch ein Wort zum Schluss: Fisch ist eine Delikatesse, die immer rarer und kostbarer wird. Und genau in diesem Bewusstsein sollten Sie sie dann auch genießen: in Maßen, dafür aber in bester Qualität, falls möglich in Bio-Qualität und aus kontrollierter Zucht.

1

2

3

4

5

Sushi im neuen Look

1 | Mit leckerem Mantel

Ura-Maki, die »umgedrehten« Rollen, lassen sich wunderbar mit zusätzlicher Deko überziehen, die einfach am feuchten Reis haftet. Klassiker sind hier Sesamsamen oder Fliegenfischkaviar. Trendige Sushi-Bars rollen sie aber auch in Schnittlauchröllchen, gehacktem Koriandergrün, Mohnsamen oder aber zerbröselten Wasabi-Erbsen (s. S. 65) oder Chili-Reis-Crackern. Entweder die Rolle rundum in der gewählten Zutat wälzen oder nur obendrauf festdrücken, wenn die Röllchen aufrecht serviert werden.

2 | Hübsches Happy End

Bei Maki-Sushi geraten die Endstücke nicht immer makellos. Werden feste, dünne Gemüsestifte (z. B. Möhren, Rettich oder Gurke), Schnittlauchhalme oder Rucolablätter eingerollt, können Sie den Enden einen dekorativen »Schweif« verpassen: Einfach die Füllung als kleine Büschel über die seitlichen Enden hinauslegen und nach dem Zuschneiden der Rollen mit dem »Schweif« nach oben servieren.

3 | Mit was drauf

Wie wär's mit einem kleinen Häufchen Forellenkaviar auf einem Lachs-Nigiri, vielleicht sogar noch mit etwas Kresse oder feinem Frühlingszwiebelgrün drauf? Oder einfach nur einige Blättchen frisches Grün? Nigiri- und Gunkan-Sushi sehen mit etwas Grün noch hübscher aus, z. B. mit etwas Kresse, 2–3 kurzen Schnittlauchhalmen, einem Zweigchen Dill oder ein paar Sprossen, wie z. B. Senf, Rotkraut oder Brokkoli, die Sie wie Kresse in Beeten kaufen können. Exotisch und elegant wirken rote Basilikumblättchen oder fein gefiederte Mizuna-Blättchen, die es in asiatischen Blattsalatmischungen gibt. Zum Grün darf sich dann gerne etwas aufgestreuter heller oder schwarzer Sesam, oder auch mal Mohn, gesellen oder eventuell ein Tupfer Chilisauce oder Mayonnaise (s. Punkt 5).

4 | Gut gewickelt

Obwohl Fisch- oder Omelettscheiben auf den Reisklößchen meist schon von alleine haften: Ein schmaler Noristreifen, zwei Halme Schnittlauch oder ein kurz blanchiertes und längs halbiertes Lauchblatt (s. S. 30) quer um ein Nigiri-Sushi geschlungen, machen optisch echt was her. Zusatzplus: Sie geben zusätzlichen Halt.

5 | Mit einem Tupfer Raffinesse

Das ist zwar wahrlich nichts für Puristen, aber speziell Nigiri-Sushi, die schlicht und einfach mit rohem Fisch belegt sind, können ruhig mal einen Tupfer Mayonnaise, Crème fraîche mit frischen Kräutern oder auch einen Spritzer Chilisauce vertragen. Wenn Ihnen Chilisauce allein zu scharf ist: Ein kleiner Tupfen Mayonnaise mit einem Mini-Tupfen Chilisauce als »Auge« drin sieht einfach super aus und schmeckt dazu noch gut.

Fujiama Morning

frisch & klar

Für 1 Sektglas **5 Litschis** schälen, halbieren und den Kern entfernen. Das Fruchtfleisch mit **1 cl frisch gepresstem Limettensaft** pürieren und durch ein Sieb streichen. Das Püree mit **3 cl Sake** (s. S. 97), **3 cl Litschilikör, 1 Spritzer Grenadine** und **4 Eiswürfeln** in den Shaker geben. Shaker fest verschließen und ca. 15 Sek. kräftig schütteln. Den Drink durch ein Barsieb in das Sektglas füllen und mit **eiskaltem Sekt** aufgießen.

Umeano

japanisch-italienischer Freundschaftsdrink für heiße Sommertage

Für 1 Longdrink- oder Limonadenglas **8 cl frisch gepressten Rosa-Grapefruit-Saft, 6 cl japanischen Pflaumenwein** und **3 cl Aperol** (italienischer Bitteraperitif) mit **4 Eiswürfeln** in den Shaker geben. Shaker fest verschließen und ca. 15 Sek. kräftig schütteln. **3–4 Eiswürfel** in das Glas füllen und den Drink durch ein Barsieb darübergießen. Als Dekoration **1/2 rosa Grapefruitscheibe** an den Glasrand stecken.

Midori Spring

säuerlich und erfrischend grün wie ein Frühlingsmorgen

Für 1 Martinikelch oder Cocktailschale **3 cl grünen Melonenlikör** (Midori), **3 cl Sake** (s. S. 97), **1 cl Orangenlikör** (z. B. Cointreau) und **1 cl frisch gepressten Limettensaft** mit **4 Eiswürfeln** in den Shaker geben. Shaker fest verschließen und ca. 12 Sek. kräftig schütteln. Den Drink durch ein Barsieb in das Glas gießen. Wer möchte, gibt als Deko noch zusätzlich **1 dünne Bio-Limettenscheibe** mit ins Glas.

Kombucha-Gurken-Cooler

kühl & erfrischend

Für 1 großes Longdrink- oder Limonadenglas **1 dicke Scheibe Gurke** waschen und vierteln. Von je **1/2 Bio-Orange und -Zitrone** jeweils eine dicke Scheibe abschneiden und vierteln, die Früchte auspressen. Alles mit **4 Eiswürfeln** in das Glas geben und nach Belieben mit einem Löffel leicht andrücken. Mit ca. **120 ml eisgekühltem Kombucha-Teegetränk** (z. B. Carpe diem) aufgießen und kalt genießen. Wer's mit Schuss mag: Gurke, Zitrone und Orange erst 30 Min. in 2 cl Orangenlikör (z. B. Cointreau) und 4 cl Wodka ziehen lassen. Anschließend mit 100 ml Kombucha-Tee aufgießen.

Hanami-Limonade

Kirschblüte im Glas

Für 1 großes Cocktail- oder Limonadenglas **6 cl Sauerkirschnektar, 2 cl Holunderblütensirup** und **1 cl frisch gepressten Zitronensaft** mit **4 Eiswürfeln** in den Shaker geben. Shaker fest verschließen und 12 Sek. kräftig schütteln. **3–4 Eiswürfel** in das Glas füllen und den Inhalt des Shakers durch ein Barsieb darübergießen. Den Drink mit eiskalter **Litschi- oder Holunder-Bionade** aufgießen. Wenn Sie keine Bionade bekommen haben, können Sie auch Ingwerlimonade nehmen oder den Drink mit Ginger Ale aufgießen.

Zitrusgrüner Tee

warm, aber richtig erfrischend

Für 1–2 Tassen von **1 Stängel Zitronengras** Strunk und äußere Blätter entfernen, das Innere fein hacken. **1/4 Bio-Limette** halbieren, **1 Stück frischen Ingwer** (ca. 1 cm) schälen und in Scheiben schneiden. Alles mit 350 ml Wasser in einem Topf einmal aufkochen, dann zugedeckt bei schwacher Hitze 8–10 Min. sanft kochen lassen. **1 EL grünen Tee** (z. B. Sencha) zugeben und auf der ausgeschalteten Herdplatte 3 Min. ziehen lassen. Durch ein Sieb abgießen und auf Tassen oder Teeschalen verteilen. Nach Wunsch mit Zucker gesüßt heiß trinken oder kalt auf Eis genießen.

Sushi – einfach gut in Form

Hier darf richtig mit den Händen gearbeitet werden, wenn Reis für Nigiri-, Gunkan- oder Temaki-Sushi zu leckeren Bällchen geformt wird.

Für 8 Stück

1/2 Portion Sushi-Reis (s. Grundrezept S. 11)
8 Scheiben Räucherlachs (etwa gleich groß)
1 TL Wasabipaste
8 Stängel Dillspitzen
2 EL Forellenkaviar

Außerdem:

Essigwasser
Frischhaltefolie

Räucherlachs-Temari

super-easy-Sushi | *im Bild links*
Zubereitung: ca. 20 Min. | *Pro Stück: ca. 130 kcal*

1 Die Hände mit Essigwasser befeuchten und aus dem Sushi-Reis 8 gleich große runde Bällchen formen.

2 Die Lachsscheiben quadratisch zuschneiden. Auf jedes Quadrat mit dem Finger etwas Wasabipaste streichen. Jeweils 1 Lachsscheibe auf einen großen Bogen Frischhaltefolie legen und 1 Reisbällchen daraufsetzen. Die Folie so zusammenfassen und festdrehen, dass ein kugeliges Lachsbällchen entsteht. Auf diese Weise alle Sushi zubereiten.

3 Den Dill waschen und trocken tupfen. Auf jedes Sushi etwas Kaviar und ein Zweigchen Dill als Verzierung setzen.

1
2
3

Nigiri-Sushi
mit Thunfisch

Klassiker | *Zubereitung: ca. 30 Min.* | *Pro Stück: ca. 100 kcal*

Für 8 Stück

150 g frisches Thunfischfilet (möglichst in Sushi-Zuschnitt, s. Tipp)
1 TL Wasabipaste
1/2 Portion Sushi-Reis (s. Grundrezept S. 11)

Außerdem:

Essigwasser

1 Das Fischfilet mit einem scharfen Messer quer zur Faser im 45°-Winkel schräg in 8 dünne Scheiben (ca. 3 x 6 cm) schneiden (**Bild 1**). Die Scheiben jeweils auf einer Seite mit der Fingerspitze dünn mit Wasabipaste bestreichen.

2 Die Hände leicht mit Essigwasser befeuchten und aus dem Reis 8 längliche Klößchen formen. Dabei nicht zu sehr drücken oder quetschen.

3 Je 1 Thunfischscheibe mit der Wasabiseite nach oben in die Handfläche legen. 1 Reisbällchen darauflegen und mit dem Zeigefinger der anderen Hand leicht auf den Fisch drücken (**Bild 2**).

4 Das Reisbällchen wenden und den Thunfisch von oben behutsam mit Daumen und Zeigefinger der anderen Hand an den Reis drücken, sodass eine gleichmäßig längliche Form entsteht (**Bild 3**). Das Sushi auf die Arbeitsfläche setzen, nochmals von allen vier Seiten gerade drücken und oben halbrund nachformen. Auf diese Weise alle Sushi fertigstellen.

Besonders clever!

Lachs und speziell Thunfisch werden beim Fischhändler oft bereits im **»Sushi-Zuschnitt«** angeboten, also in Form eines Blocks, von dem sich dann ganz bequem passende Scheiben abschneiden lassen.

Clever variieren

Diese Sushi-Urform lässt sich mit den unterschiedlichsten Fischsorten belegen, allen voran mit dem absoluten Liebling neben Thunfisch: rohem **Lachs.** Ebenfalls geeignet ist rohes Filet von **Lachsforelle, Forelle** oder **Saibling.** Oder aber von Salzwasserfischen, wie **Wolfsbarsch** (Loup de mer), **Brasse** (Dorade) oder **Scholle.**

Nigiri-Sushi mit Makrele

kräftig | *Zubereitung: ca. 30 Min.*
Marinieren: 4 Std. 30 Min. | *Pro Stück: ca. 100 kcal*

Für 8 Stück

1 frisches Makrelenfilet mit Haut (ca. 180 g)
Meersalz | 4 EL Reisessig | 1 TL Zucker
1 Stück Kombu (5 x 15 cm) | 1/2 Portion Sushi-Reis (s. Grundrezept S. 11) | 1 TL Wasabipaste

Außerdem:

Essigwasser

1 Makrelenfilet säubern, eventuell verbliebene Gräten herauszupfen und das Filet trocken tupfen. Beidseitig mit reichlich Meersalz bestreuen, in eine Schale legen und zugedeckt im Kühlschrank 4 Std. ziehen lassen.

2 Das Salz mit kaltem Wasser gut abspülen und das Filet trocken tupfen. Äußere Haut mit den Fingern abziehen (nur das dünne, durchsichtige Häutchen). Essig mit Zucker verrühren. Kombu in einer Schale mit dem Essig übergießen, den Fisch mit der Hautseite nach oben darauflegen. 30 Min. marinieren.

3 Die Makrele aus der Marinade nehmen, trocken tupfen und schräg in 8 schmale Scheibchen schneiden. Die Hände mit Essigwasser befeuchten und aus dem Reis 8 längliche Klößchen formen. Die Fischstücke auf der Unterseite mit wenig Wasabipaste bestreichen, auf die Reisbällchen legen und festdrücken (s. S. 23). So alle Sushi belegen.

Nigiri-Sushi mit Garnele

edel | *Zubereitung: ca. 45 Min.* | *Pro Stück: ca. 80 kcal*

Für 8 Stück

8 rohe, ungeschälte Garnelen (à ca. 40 g)
Salz
1/2 Portion Sushi-Reis (s. Grundrezept S. 11)
1 TL Wasabipaste

Außerdem:

8 Metallspieße | Essigwasser

1 Von den Garnelen vorsichtig den Kopf abdrehen, dabei den Darm mit herausziehen. Die Garnelen kalt abspülen. Durch jede Garnele einen Metallspieß vom Kopf an der Bauchseite entlang bis zum Schwanz stecken. So bleiben sie beim Garen in Form.

2 Ausreichend Wasser in einem Topf zum Kochen bringen, salzen. Die Garnelen darin zugedeckt bei schwacher Hitze 3–4 Min. garen. Herausnehmen, Spieße herausziehen und bis auf ein kleines Schwanzstück schälen.

3 Die Garnelen am Bauch längs tief einschneiden, aber nicht durchtrennen. Aufklappen und leicht flach drücken. Die Hände mit Essigwasser befeuchten und aus dem Reis 8 längliche Klößchen formen. Die Garnelen auf der Unterseite mit wenig Wasabipaste bestreichen, auf die Reisbällchen legen und festdrücken (s. S. 23). Auf diese Weise alle Sushi belegen.

links: Nigiri-Sushi mit Garnele | rechts: Nigiri-Sushi mit Makrele

Nigiri-Sushi mit Tintenfisch

einfach
Zubereitung: ca. 30 Min. | Pro Stück: ca. 75 kcal

Für 8 Stück

250 g küchenfertige Tintenfischtuben (Calamaris)
1/2 Portion Sushi-Reis (s. Grundrezept S. 11)
1 TL Wasabipaste

Außerdem:

Essigwasser

1 Die Tintenfischtuben längs aufschneiden, säubern, kalt abspülen und trocken tupfen. In 8 rechteckige Stücke (ca. 3 x 6 cm) schneiden. Jedes Stück mit einem scharfen Messer auf der Außenseite längs in 3–5 mm Abstand mehrmals parallel einritzen.

2 Die Hände mit Essigwasser befeuchten und aus dem Reis 8 längliche Klößchen formen. Die Tintenfischstücke auf der Unterseite mit wenig Wasabipaste bestreichen, auf die Reisbällchen legen, festdrücken und die Sushi in Form drücken (s. S. 23). Auf diese Weise alle Sushi belegen.

Nigiri-Sushi mit Jakobsmuscheln

gästefeine Vorspeise
Zubereitung: ca. 45 Min. | Pro Stück: ca. 75 kcal

Für 8 Stück

4 frische Jakobsmuscheln
1/2 Portion Sushi-Reis (s. Grundrezept S. 11)
1 TL Wasabipaste

Außerdem:

Eiswürfel | Essigwasser

1 Die Jakobsmuscheln öffnen und aus der Schale lösen. Das dunkle Muskelfleisch und den orangefarbenen Rogen (Corail) entfernen. Das runde weiße Fleisch unter fließend kaltem Wasser säubern und 5 Min. in eine Schale mit etwas kaltem Wasser und Eiswürfeln legen. So lässt es sich später besser schneiden.

2 Die Muschelstücke halbieren. Jede Hälfte parallel zur Schnittkante mittig so einschneiden, dass sie fast durchtrennt ist und nur noch an einer Seite zusammenhaftet. An dieser Stelle festhalten und zu einem Streifen auseinanderklappen, leicht flach drücken.

3 Die Hände mit Essigwasser befeuchten und aus dem Reis 8 längliche Klößchen formen. Die Muschelstreifen auf der Unterseite mit wenig Wasabipaste bestreichen, auf die Reisbällchen legen, festdrücken und die Sushi in Form drücken (s. S. 23). Auf diese Weise alle Sushi belegen.

links: Nigiri-Sushi mit Tintenfisch | rechts: Nigiri-Sushi mit Jakobsmuscheln

Nigiri-Sushi mit Pfefferfisch

scharf
Zubereitung: ca. 40 Min. | Pro Stück: ca. 130 kcal

Für 8 Stück

3/4 TL schwarze Pfefferkörner
1 EL Sesamsamen
150 g frisches Thunfischfilet (möglichst in Sushi-Zuschnitt, s. S. 23)
2 EL Sonnenblumenöl | 1/2 Portion Sushi-Reis (s. Grundrezept S. 11) | 1 TL Wasabipaste

Außerdem:

Essigwasser

1 Die Pfefferkörner im Mörser grob zerstoßen oder mit der Pfeffermühle grob mahlen. Mit den Sesamsamen mischen. Das Thunfischfilet auf der Ober- und Unterseite damit bestreuen, die Würzmischung andrücken.

2 Das Öl in einer beschichteten Pfanne erhitzen. Das Filet darin auf beiden Seiten sowie auf den beiden Längsseiten bei mittlerer Hitze je knapp 1 Min. anbraten. Aus der Pfanne nehmen.

3 Die Hände mit Essigwasser befeuchten und aus dem Reis 8 längliche Klößchen formen. Den abgekühlten Thunfisch leicht schräg in 8 Scheiben schneiden. Jede Scheibe auf einer Seite mit wenig Wasabipaste bestreichen und auf die Reisbällchen legen, vorsichtig festdrücken (s. S. 23). Auf diese Weise alle Sushi belegen.

Nigiri-Sushi mit Rinderfilet

für Carpaccio-Fans
Zubereitung: ca. 40 Min. | Pro Stück: ca. 100 kcal

Für 8 Stück

200 g Rinderfilet (möglichst als Block zugeschnitten)
Salz | Pfeffer | 1 EL Sonnenblumenöl
1 TL Butter | 1/2 Portion Sushi-Reis (s. Grundrezept S. 11) | 1 TL Wasabipaste

Außerdem:

Essigwasser

1 Rinderfilet trocken tupfen und beidseitig salzen und pfeffern. Öl und Butter in einer Pfanne erhitzen. Das Filet darin bei starker Hitze von allen Seiten je gut 1 Min. 30 Sek. anbraten. Aus der Pfanne nehmen.

2 Die Hände mit Essigwasser befeuchten und aus dem Reis 8 längliche Klößchen formen. Das abgekühlte Filet leicht schräg in 8 Scheiben schneiden. Jede Scheibe auf einer Seite mit wenig Wasabipaste bestreichen. Auf die Reisbällchen legen und festdrücken (s. S. 23). Auf diese Weise alle Sushi formen. Das Fleisch nach Wunsch nochmals grob mit Pfeffer übermahlen.

Besonders clever!

Egal ob Filet oder Rindersteak – wichtig ist, dass das **Fleischstück etwa 3 cm dick** ist, damit es beim Braten innen leicht blutig bleibt.

links: Nigiri-Sushi mit Pfefferfisch | rechts: Nigiri-Sushi mit Rinderfilet

Nigiri-Sushi mit Räucheraal

kräftig im Aroma | *Zubereitung: ca. 40 Min.* | *Pro Stück: ca. 120 kcal*

Für 8 Stück

1 Stange Lauch | Salz
150 g geräuchertes Aalfilet (ohne Haut)
1/2 Portion Sushi-Reis (s. Grundrezept S. 11)

Außerdem:

Essigwasser

1 Den Lauch längs 2 Blattschichten tief einschneiden. Die Stange am Wurzelende ebenfalls ringsum so tief einschneiden, dass sich die äußeren beiden Blätter ablösen lassen. Die Blätter abstreifen (übrige Stange anderweitig verwenden). Erst längs, dann quer halbieren, waschen und putzen.

2 Salzwasser in einem Topf aufkochen. Die Blattstreifen darin ca. 30 Sek. sprudelnd kochen. Mit der Siebkelle herausheben und sofort in eiskaltes Wasser legen. Herausnehmen, auf Küchenpapier ausbreiten und trocken tupfen.

3 Das Aalfilet in 8 gleich große Stück schneiden, eventuell vorsichtig leicht flach drücken. Die Hände mit Essigwasser befeuchten und aus dem Reis 8 längliche Klößchen formen. Je 1 Stück Aal darauflegen, festdrücken und zu einem Nigiri formen (s. S. 23). Je 1 Lauchstreifen so um die Nigiri wickeln, dass die Enden unten übereinandergeschlagen gut halten.

Nigiri-Sushi mit Tandoori-Huhn

indisch würzig | *Zubereitung: ca. 1 Std. 10 Min.* | *Marinieren und Abkühlen: ca. 3 Std.* | *Pro Stück: ca. 105 kcal*

Für 8 Stück

1 Hähnchenbrustfilet (ca. 180 g)
3 EL Joghurt
1 TL Tandoori-Gewürzpulver (aus dem Asienladen)
Salz | 1 EL weiche Butter
1/2 Noriblatt
1/2 Mango (ca. 150 g)
1/2 Portion Sushi-Reis (s. Grundrezept S. 11)

Außerdem:

Essigwasser

1 Das Hähnchenfilet trocken tupfen. Joghurt und Tandoorigewürz verrühren, salzen. Das Filet darin wenden und zugedeckt im Kühlschrank 2 Std. marinieren.

2 Den Backofen auf 200° vorheizen. Das Hähnchenfilet auf ein Backblech legen und im Ofen (oben, Umluft nicht empfehlenswert) ca. 35 Min. garen. Dabei mehrmals mit Butter und Bratensaft bestreichen. Ca. 1 Std. abkühlen lassen.

3 Das Noriblatt in 8 ca. 1 cm breite Streifen schneiden. Die Mangohälfte schälen und quer in schmale Scheiben schneiden. Das Hähnchenfilet quer in knapp 1 cm dicke Scheiben schneiden (die Anschnitte anderweitig verwenden).

4 Die Hände mit Essigwasser befeuchten und aus dem Reis 8 längliche Klößchen formen. Je 1 Stück Filet darauflegen, festdrücken und zu einem Nigiri formen (s. S. 23). Auf das Filet je 1 Mangospalte legen. Um jedes Nigiri 1 Noristreifen wickeln und das Ende mit 1–3 Reiskörnern festkleben.

1
2
3

Nigiri-Sushi mit Omelett

Klassiker | *Zubereitung: ca. 50 Min.* | *Pro Portion: ca. 120 kcal*

Für 8 Stück

5 EL Dashi-Brühe (s. S. 81)
1 EL Sojasauce
1 EL Mirin (s. S. 97)
1 TL Zucker
1/2 TL Salz | 4 Eier
Sonnenblumenöl zum Braten
1/2 Noriblatt
1/2 Portion Sushi-Reis
(s. Grundrezept S. 11)
1 TL Wasabipaste

Außerdem:

Essigwasser

1 Dashi-Brühe mit Sojasauce, Mirin, Zucker und Salz unter Rühren erhitzen, bis sich Zucker und Salz vollständig gelöst haben. Abkühlen lassen. Eier aufschlagen und mit der Würzbrühe mit dem Pürierstab oder dem Schneebesen kurz schaumig pürieren.

2 Eine beschichtete Pfanne mit niedrigem Rand (ideal: Crêpes-Pfanne) dünn mit Öl bepinseln. So viel Ei hineingeben, dass der Pfannenboden gerade gut bedeckt ist. Das Ei bei mittlerer Hitze leicht stocken lassen. Vom oberen Pfannenrand aus mit einem Holzspatel ca. 1,5 cm breit umklappen und so bis zum unteren Pfannenrand aufrollen (**Bild 1**).

3 Den leeren oberen Teil der Pfanne einölen. Eine neue Schicht Ei hineingießen und bis zur fertigen Rolle am unteren Rand schwenken, sodass auch etwas Ei unter die fertige Rolle läuft (**Bild 2**). Sobald das Ei zu stocken beginnt, das Omelett von unten nach oben aufrollen (**Bild 3**) und anschließend nach unten ziehen. Diesen Vorgang wiederholen, bis das ganze Ei aufgebraucht und eine dicke, leicht rechteckige Rolle entstanden ist. Die Omelettrolle abkühlen lassen.

4 Inzwischen das Noriblatt in 8 ca. 1 cm breite Streifen schneiden. Hände mit Essigwasser befeuchten und aus dem Reis 8 längliche Klößchen formen. Die Omelettrolle in ca. 1 cm dicke Scheiben schneiden, 8 Scheiben auf einer Seite dünn mit Wasabipaste bestreichen. Je 1 Omelettescheibe auf jedes Reisbällchen legen, festdrücken und zu einem Nigiri formen (s. S. 23). Um jedes Nigiri 1 Noristreifen wickeln und das Ende mit 1–3 Reiskörnern festkleben.

Besonders clever!

Für eine **schöne Form** die Omelettrolle zum Abkühlen in Butterbrotpapier wickeln, mit der Bambusmatte in Form drücken und eventuell leicht beschweren.

Gunkan-Sushi mit Thunfischcreme

ganz einfach | *Zubereitung: ca. 25 Min.* | *Pro Stück: ca. 70 kcal*

Für 12 Stück

1 Stange Staudensellerie
4 Stängel Petersilie
1 Dose Thunfisch im eigenen Saft (ca. 90 g Abtropfgewicht)
2 EL Mascarpone
1 TL frisch gepresster Zitronensaft
Salz | Pfeffer
3 Noriblätter
1/2 Portion Sushi-Reis (s. Grundrezept S. 11)

Außerdem:

Essigwasser

1 Die Selleriestange waschen, putzen und so klein wie möglich würfeln. Petersilie waschen, trocken schütteln und fein hacken. Thunfisch abgießen und mit einer Gabel fein zerpflücken. Alles mit Mascarpone und Zitronensaft mischen, salzen und pfeffern.

2 Jedes Noriblatt in 4 Streifen (ca. 4 x 13 cm) schneiden. Die Hände mit Essigwasser befeuchten und aus dem Reis 12 länglich-ovale Klößchen formen. Um jedes Klößchen 1 Noristreifen (glatte Seite nach außen) wickeln und das Streifenende eventuell mit 1–3 Reiskörnern festkleben. Den Reis im Algenrand vorsichtig etwas nach unten platt drücken. Darauf die Thunfischcreme gleichmäßig verteilen.

Variante mit italienischem Thunfischtatar

Für 12 Stück | **100 g frisches Thunfischfilet** so klein wie möglich würfeln. **1/2 TL Kapern** fein hacken. **1/2 Knoblauchzehe** schälen und durchpressen. Mit **1 EL Zitronensaft** und **1 EL Olivenöl** verrühren. Thunfisch und Kapern gut damit vermischen und zugedeckt im Kühlschrank 2 Std. marinieren. **1/4 Bund Rucola** waschen und trocken schütteln. Harte Stiele entfernen, 12 Blättchen beiseitelegen, die restlichen fein hacken. Den Rucola unter den Thunfisch heben. Tatar in **12 Gunkan-Sushi** füllen und mit je 1 Blatt Rucola verzieren.

Variante mit Kaviar

Für 12 Stück | Ein richtiger Klassiker und ganz einfach: **12 Gunkan-Sushi** vorbereiten, die Reisbällchen mit wenig **Wasabipaste** bestreichen. Dann **120 g Lachs- oder Forellenkaviar** darauf verteilen. Ca. **12 Schnittlauchhalme** waschen, abtrocknen und halbieren (jedes Stück sollte ca. 5 cm lang sein). Je 2 Schnittlauchhalme auf dem Kaviar verteilen.

Gunkan-Sushi mit Thai-Lachstatar

Japan meets Thailand | *Zubereitung: ca. 45 Min.* | *Marinieren: 2 Std.* | *Pro Stück: ca. 80 kcal*

Für 12 Stück

150 g Lachsfilet (ohne Haut)
4 Kaffir-Limettenblätter
1/2 Knoblauchzehe
1 Stück frischer Ingwer (ca. 1 cm)
1 Stück frische rote Chilischote (ca. 2 cm)
1/4 TL Salz | 1/4 TL Zucker
2 TL frisch gepresster Limettensaft
2 Msp. frisch geriebene Bio-Limettenschale
3 Noriblätter
1/2 Portion Sushi-Reis (s. Grundrezept S. 11)

Außerdem:

Essigwasser

1 Das Lachsfilet in ca. 5 mm große Würfelchen schneiden. Die Limettenblätter waschen, abtrocknen, längs halbieren und den harten inneren Stiel wegschneiden. Die Blatthälften in sehr feine Streifen schneiden. Knoblauch und Ingwer schälen und sehr klein würfeln. Chilischote waschen, halbieren, entkernen und fein hacken. Alles in einem Schälchen mit Salz, Zucker, Limettensaft und -schale mischen und zugedeckt im Kühlschrank 2 Std. marinieren.

2 Jedes Noriblatt in 4 Streifen (ca. 4 x 13 cm) schneiden. Die Hände leicht mit Essigwasser befeuchten und aus dem Reis 12 länglich-ovale Klößchen formen. Um jedes Klößchen 1 Noristreifen (glatte Seite nach außen) wickeln und das Streifenende eventuell mit 1–3 Reiskörnern festkleben. Den Reis im Algenrand vorsichtig etwas nach unten platt drücken. Das Lachstatar gleichmäßig darauf verteilen.

Gunkan-Sushi mit Rote-Bete-Matjes-Tatar

Sushi für Nordlichter | *Zubereitung: ca. 40 Min.* | *Pro Stück: ca. 130 kcal*

Für 12 Stück

1 kleines Matjesfilet (ca. 120 g)
50 g eingelegte Rote Bete (aus dem Glas)
1/4 Bund Schnittlauch
1 1/2 EL Joghurt-Mayonnaise (aus dem Glas)
1 TL Zitronensaft
1/2 TL Wasabipaste
Salz
Pfeffer
3 Noriblätter
1/2 Portion Sushi-Reis (s. Grundrezept S. 11)

Außerdem:

Essigwasser

1 Matjes kalt abspülen, trocken tupfen und so klein wie möglich würfeln. Rote Bete abtropfen lassen und fein hacken. Schnittlauch waschen, trocken schütteln und in Röllchen schneiden, einige Röllchen beiseitelegen. Matjes, Rote Bete und Schnittlauch mit Mayonnaise, Zitronensaft und Wasabipaste vermischen. Mit wenig Salz und Pfeffer würzen.

2 Jedes Noriblatt in 4 Streifen (ca. 4 x 13 cm) schneiden. Die Hände mit Essigwasser befeuchten und aus dem Reis 12 länglich-ovale Klößchen formen. Um jedes Klößchen 1 Noristreifen (glatte Seite nach außen) wickeln und das Streifenende eventuell mit 1–3 Reiskörnern festkleben. Den Reis im Algenrand vorsichtig etwas nach unten platt drücken. Das Matjestatar gleichmäßig darauf verteilen. Mit Schnittlauch bestreuen.

Clever färben

Die Rote Bete gibt der Creme eine schöne rosa Farbe. Diese wird intensiver, wenn Sie noch etwas **Rote-Bete-Saft** aus dem Glas unterrühren.

Gunkan-Sushi mit Garnelencocktail

tolle Cocktailhäppchen
Zubereitung: ca. 30 Min. | Pro Stück: ca. 55 kcal

Für 12 Stück

150 g gegarte, geschälte Garnelen
2 EL Salatmayonnaise | 2 Msp. Tomatenmark
1 TL Ketchup | 1 Spritzer Chilisauce
1 TL frisch gepresster Zitronensaft
1 TL Mirin (s. S. 97) | Salz | Pfeffer
1/2 Beet Kresse | 3 Noriblätter
1/2 Portion Sushi-Reis (s. Grundrezept S. 11)

Außerdem:

Essigwasser

1 Die Garnelen kalt abspülen, trocken tupfen und eventuell etwas kleiner schneiden. Die Mayonnaise mit Tomatenmark, Ketchup, Chilisauce, Zitronensaft und Mirin gut verrühren. Die Garnelen untermischen, salzen und pfeffern. Kresse vom Beet schneiden und unterheben.

2 Jedes Noriblatt in 4 Streifen (ca. 4 x 13 cm) schneiden. Die Hände leicht mit Essigwasser befeuchten und aus dem Reis 12 länglich-ovale Klößchen formen. Um jedes Klößchen 1 Noristreifen (glatte Seite nach außen) wickeln und das Streifenende eventuell mit 1–3 Reiskörnern festkleben. Den Reis im Algenrand vorsichtig etwas nach unten platt drücken. Den Garnelencocktail gleichmäßig darauf verteilen.

Gunkan-Sushi mit Forellen-Apfel-Salat

leicht & frisch
Zubereitung: ca. 30 Min. | Pro Stück: ca. 50 kcal

Für 12 Stück

100 g geräuchertes Forellenfilet ohne Haut
1 EL frisch gepresster Zitronensaft
1 TL Mirin (s. S. 97) | 1/3 TL Wasabipaste
1/2 roter Apfel | 1/4 Bund Schnittlauch
Salz | 3 Noriblätter | 1/2 Portion Sushi-Reis (s. Grundrezept S. 11)

Außerdem:

Essigwasser

1 Das Forellenfilet in kleine Stücke schneiden oder zupfen. Den Zitronensaft mit Mirin und Wasabi verrühren. Den Apfel waschen und das Kerngehäuse entfernen. Anschließend fein würfeln und mit der Marinade mischen. Den Schnittlauch waschen, trocken schütteln und fein schneiden. Mit dem Fisch unter die Apfelmarinade heben. Salzen.

2 Jedes Noriblatt in 4 Streifen (ca. 4 x 13 cm) schneiden. Die Hände leicht mit Essigwasser befeuchten und aus dem Reis 12 länglich-ovale Klößchen formen. Um jedes Klößchen 1 Noristreifen (glatte Seite nach außen) wickeln und das Streifenende eventuell mit 1–3 Reiskörnern festkleben. Den Reis im Algenrand vorsichtig etwas nach unten platt drücken. Den Forellensalat gleichmäßig darauf verteilen.

links: Gunkan-Sushi mit Garnelencocktail | rechts: Gunkan-Sushi mit Forellen-Apfel-Salat

Prärie-Gunkan-Sushi mit Austern

fürs Katerfrühstück | *Zubereitung: ca. 45 Min.* | *Marinieren: 3 Std.* | *Pro Stück: ca. 105 kcal*

Für 12 Stück

2 Tomaten
3 EL Wodka
1 TL Sojasauce
1/2 TL Chilisauce
(aus dem Asienladen)
Pfeffer
12 Austern
3 Noriblätter
1/2 Portion Sushi-Reis
(s. Grundrezept S. 11)
Saft von 1/2 Zitrone

Außerdem:

Essigwasser

1 Die Tomaten waschen, vierteln, Kerne und Stielansatz entfernen. Die Tomatenviertel sehr klein würfeln. Mit Wodka, Sojasauce und Chilisauce mischen. Pfeffern und zugedeckt im Kühlschrank 3 Std. marinieren.

2 Die Austern öffnen und aus der Schale lösen. Jedes Noriblatt in 4 Streifen (ca. 4 x 13 cm) schneiden. Die Hände mit Essigwasser befeuchten und aus dem Reis 12 länglich-ovale Klößchen formen. Um jedes Klößchen 1 Noristreifen (glatte Seite nach außen) wickeln und das Streifenende eventuell mit 1–3 Reiskörnern festkleben. Den Reis im Algenrand vorsichtig etwas nach unten platt drücken. Darauf je 1 Auster und daneben etwas Tomatentatar geben. Mit je 1 Spritzer Zitrone beträufeln.

Besonders clever!

Zum **Öffnen** die **Auster** mit der Wölbung nach unten legen. Mit einem stabilen Messer zwischen die Schalenhälften stechen, rundherum fahren und den Schließmuskel so zertrennen, dann öffnen.

Gunkan-Sushi mit Safranmuscheln

spanisch inspiriert | *Zubereitung: ca. 45 Min.* | *Pro Stück: ca. 120 kcal*

Für 12 Stück

500 g Miesmuscheln
2 Schalotten
2 EL Olivenöl
400 ml Fischfond
1 Msp. Safranpulver
3 Noriblätter
1/2 Portion Sushi-Reis
(s. Grundrezept S. 11)
2 EL Mayonnaise
edelsüßes Paprikapulver

Außerdem:

Essigwasser

1 Muscheln in kaltem Wasser gründlich abbürsten, geöffnete Muscheln wegwerfen. Schalotten schälen und würfeln. Öl in einem Topf erhitzen und die Schalotten darin andünsten. Die Muscheln zugeben und 1 Min. mitbraten. Fischfond angießen und die Muscheln zugedeckt bei mittlerer Hitze ca. 8 Min. garen. In ein Sieb abgießen, dabei den Sud auffangen. Noch geschlossene Muscheln wegwerfen, die übrigen aus der Schale lösen. Safran mit 2 EL heißem Muschelsud verrühren.

2 Jedes Noriblatt in 4 Streifen (ca. 4 x 13 cm) schneiden. Die Hände leicht mit Essigwasser befeuchten und aus dem Reis 12 länglich-ovale Klößchen formen. Um jedes Klößchen 1 Noristreifen (glatte Seite nach außen) wickeln und das Streifenende eventuell mit 1–3 Reiskörnern festkleben. Den Reis im Algenrand vorsichtig etwas nach unten platt drücken. Mayonnaise mit dem Safransud verrühren und die Muscheln unterheben. Gleichmäßig auf den Sushi verteilen. Mit etwas Paprikapulver bestäuben.

1

2

3

Große Temaki-Sushi mit Fünf-Gewürz-Ente

edle Tüten | *Zubereitung: ca. 50 Min.* | *Marinieren: 2 Std.* | *Pro Stück: ca. 180 kcal*

Für 8 Stück

1 Entenbrustfilet (ca. 300 g)
1 Knoblauchzehe
Saft von 1/2 Orange
1 TL chinesisches Fünf-Gewürz-Pulver
1 EL Sonnenblumenöl
1 EL Sojasauce
je 1 rote und gelbe Pflaume
4 Frühlingszwiebeln
1/2 Portion Sushi-Reis (s. Grundrezept S. 11)
4 Noriblätter

Außerdem:

Essigwasser

1 Das Entenbrustfilet trocken tupfen und die Haut abziehen. Das Filet quer halbieren, dann längs in Streifen schneiden. Knoblauch schälen, durchpressen und mit 2 EL Orangensaft und Fünf-Gewürz-Pulver verrühren. Das Entenfleisch darin wenden und zugedeckt im Kühlschrank 2 Std. marinieren.

2 Das Öl in einer beschichteten Pfanne erhitzen. Die Filetstreifen darin bei starker Hitze 1–2 Min. anbraten. Übrigen Orangensaft und Sojasauce zugeben und 1 Min. unter Rühren weiterbraten. Vom Herd nehmen und abkühlen lassen.

3 Die Pflaumen waschen, achteln und den Kern entfernen. Frühlingszwiebeln waschen, putzen und schräg in schmale Ringe schneiden. Den Reis in 8 Portionen teilen. Die Hände mit Essigwasser befeuchten und jede Reisportion zu einem lockeren, länglichen Bällchen formen; die Bällchen dabei nicht zusammenquetschen.

4 Die Noriblätter quer halbieren. Jeweils 1 Noristreifen mit der glatten Seite nach unten auf eine Hand legen. 1 Reisbällchen schräg auf die linke Seite des Noristreifens legen (**Bild 1**). Darauf jeweils ein Achtel der Entenstreifen, Pflaumenspalten und Zwiebelringe geben und leicht festdrücken. Die kleine freie Ecke über die Füllung schlagen (**Bild 2**), dann den langen Noristreifen wie zu einer Tüte um die Füllung aufrollen (**Bild 3**). Das Noriblatt unten eventuell mit 2–3 Reiskörnern zusammenkleben. Auf diese Weise alle Zutaten verarbeiten.

Kleine Temaki-Sushi mit Gravad Lachs

klein, aber fein | *Zubereitung: ca. 40 Min.* | *Pro Stück: ca. 180 kcal*

Für 16 Stück

350 g Gravad Lachs am Stück
1 Stück Bio-Gurke (ca. 10 cm)
8 große Lollo-Rosso-Salatblätter
5 Stängel Dill
2 EL Dijon-Senf
1 1/2 EL Honig
1 EL Weißweinessig
1 EL Sonnenblumenöl
Salz | Pfeffer
1/2 Portion Sushi-Reis
(s. Grundrezept S. 11)
4 Noriblätter

Außerdem:

Essigwasser

1 Den Lachs in kleine Stücke schneiden. Gurke waschen, längs vierteln und die Kerne herausschneiden. Die Viertel längs in feine Streifen schneiden. Salatblätter waschen, trocken schleudern und längs halbieren. Den Dill waschen, trocken schütteln und fein hacken. Senf, Honig, Essig und Öl zu einer cremigen Sauce verrühren. Den Dill unterziehen und die Sauce mit Salz und Pfeffer abschmecken.

2 Die Hände mit Essigwasser befeuchten und aus dem Reis 16 lockere, längliche Bällchen formen (s. S. 43). Noriblätter vierteln. Jeweils 1 Noristreifen mit der glatten Seite nach unten auf eine Hand legen. 1/2 Salatblatt schräg auf die linke Seite des Noristreifens legen, etwas Senfsauce daraufgeben und 1 Reisbällchen darauflegen. Darauf jeweils ein Sechzehntel der Lachsstücke und Gurkenstreifen geben, leicht festdrücken. Den Noristreifen zu einer Tüte um die Füllung aufrollen und eventuell mit 2–3 Reiskörnern zusammenkleben. Auf diese Weise alle Zutaten verarbeiten.

Kleine Temaki-Sushi mit Gemüse

leicht & kalorienarm | *Zubereitung: ca. 55 Min.* | *Pro Stück: ca. 35 kcal*

Für 16 Stück

2 kleine Möhren
1 Stange Staudensellerie
8 Zuckerschoten
1 EL Sojasauce
1 EL Mirin (s. S. 97)
1 EL Reisessig
1/3 Bund Schnittlauch
1/2 Portion Sushi-Reis
(s. Grundrezept S. 11)
4 Noriblätter
2 TL Wasabipaste

Außerdem:

Essigwasser

1 Möhren putzen und schälen. Selleriestange und Zuckerschoten waschen und putzen. Die Gemüse in ca. 5 mm breite Stifte bzw. Streifen schneiden. Sojasauce, Mirin und 5 EL Wasser in einem kleinen Topf aufkochen. Die Gemüse einstreuen und zugedeckt bei mittlerer Hitze 1–2 Min. garen. Essig unterrühren, vom Herd nehmen und abkühlen lassen.

2 Inzwischen Schnittlauch waschen, trocken schütteln und quer halbieren. Hände mit Essigwasser befeuchten und aus dem Reis 16 lockere, längliche Bällchen formen (s. S. 43). Noriblätter vierteln. Jeweils 1 Noristreifen mit der glatten Seite nach unten auf eine Hand legen. Je 1 Reisbällchen schräg auf die linke Seite des Noristreifens legen und mit etwas Wasabipaste bestreichen. Darauf je ein Sechzehntel Gemüse und einige Schnittlauchhalme geben, leicht festdrücken. Den Noristreifen zu einer Tüte um die Füllung aufrollen und eventuell mit 2–3 Reiskörnern zusammenkleben. Auf diese Weise alle Zutaten verarbeiten.

Sushi – schnell gerollt & geschichtet

Mit dem richtigen Dreh wird hier Reis ein-, um- und einfach überrollt zu überwältigenden Maki aller Art.

Gurken-Erdnuss-Hoso-Maki

crunchy | *Zubereitung: ca. 25 Min.* | *Pro Stück: ca. 35 kcal*

Für 24 Stück

3 EL geröstete, gesalzene Erdnüsse
50 g Radieschensprossen
1 Stück Bio-Gurke (ca. 10 cm)
2 Noriblätter
1/2 Portion Sushi-Reis (s. Grundrezept S. 11)
1 TL Wasabipaste

Außerdem:

Bambusrollmatte
Essigwasser

1 Erdnüsse grob hacken. Sprossen kalt abbrausen, abtropfen lassen. Gurke waschen und achteln. Kerne herausschneiden.

2 Die Noriblätter längs halbieren. Jeweils 1/2 Noriblatt auf die Rollmatte legen (glatte Seite unten). Die Hände mit Essigwasser befeuchten und jeweils ein Viertel vom Reis darauf verteilen. (s. S. 49)

3 In die Reismitte leicht eine Linie drücken und mit etwas Wasabi bestreichen. 2 Gurkenachtel auf die Linie legen, darüber je ein Viertel der Sprossen und Erdnüsse streuen. Mithilfe der Matte das Noriblatt samt Füllung aufrollen und rund formen. Mit der Nahtstelle nach unten legen und in 6 gleich große Stücke schneiden. So weitere 3 Rollen formen. Die Sushi mit der Schnittseite nach oben anrichten.

1

2

3

Hoso-Maki mit Spinat

einfach | *Zubereitung: ca. 35 Min.* | *Pro Stück: ca. 30 kcal*

Für 24 Stück

250 g junger Spinat (ersatzweise 150 g TK-Blattspinat)
Salz | 4 TL Sesamsamen
2 Noriblätter
1/2 Portion Sushi-Reis (s. Grundrezept S. 11)
1 TL Wasabipaste

Außerdem:

Bambusrollmatte
Essigwasser

1 Spinat waschen und verlesen. In einen Topf geben, leicht salzen und bei starker Hitze zusammenfallen lassen. Tiefgekühlten Spinat bei mittlerer Hitze auftauen lassen. Den Spinat in ein Sieb geben, kalt abspülen, abtropfen lassen und ausdrücken. Sesamsamen in einer Pfanne ohne Fett rösten, bis sie hell bräunen und duften.

2 Die Noriblätter längs halbieren. Je 1/2 Blatt mit der glatten Seite nach unten längs auf das untere Ende der Rollmatte legen. Blattkante und Mattenkante sollen dabei eine Linie bilden. Die Hände mit Essigwasser befeuchten und ein Viertel vom Reis gleichmäßig knapp 1 cm hoch auf dem Blatt verteilen. Dabei an der oberen Längsseite ca. 1 cm Rand frei lassen (**Bild 1**).

3 In die Reismitte längs leicht eine Linie eindrücken und mit etwas Wasabipaste bestreichen (**Bild 2**). Längs dieser Linie ein Viertel vom Spinat auflegen und mit 1 TL Sesam bestreuen. Die Rollmatte jetzt von unten nach oben samt Noriblatt und Füllung aufrollen. Dabei die Füllung mit den Händen festhalten, damit sie nicht verrutscht (**Bild 3**). Bambusmatte nicht mit einrollen, sondern das Ende herausziehen, kurz bevor die Sushi-Rolle ganz aufgerollt ist.

4 Jetzt die Sushi-Rolle »in Form bringen«: Dazu die Rollmatte über die Sushi-Rolle legen und mit den Händen in eine runde oder nach Wunsch auch leicht eckige Form drücken. So insgesamt 4 Rollen formen.

5 Zum Schneiden die Rollen mit der Nahtseite nach unten legen. Messer mit Essigwasser befeuchten. Jede Rolle erst quer halbieren, dann beide Hälften parallel nebeneinander legen und zusammen dritteln. Die Sushi mit der Schnittseite nach oben anrichten.

Besonders clever!

Hoso-Maki sind ideal für »Fischreste«. Abschnitte, die beim Zuschneiden von Lachs oder Thunfisch bei Nigiri-Sushi anfallen, einfach in Streifen schneiden und längs in Linie mit etwas Sesam, Kresse oder Lauchzwiebelgrün anordnen und aufrollen. **Auch ganz fix gemacht:** Hoso-Maki mit in Streifen geschnittenem eingelegtem Rettich aus dem Asienladen.

Hoso-Maki mit Roastbeef

extravagant

Zubereitung: ca. 25 Min. | Pro Stück: ca. 30 kcal

Für 24 Stück

100 g Roastbeef-Aufschnitt
2 EL Zwiebelsprossen (ersatzweise Lauchsprossen) | 2 Noriblätter
1/2 Portion Sushi-Reis (s. Grundrezept S. 11)
4 TL Feigensenf (aus dem Glas)

Außerdem:

Bambusrollmatte | Essigwasser

1 Das Roastbeef längs in ca. 1 cm breite Streifen schneiden. Die Sprossen in einem feinen Sieb kalt abbrausen, dann trocken tupfen.

2 Die Noriblätter längs halbieren. Jeweils 1/2 Blatt auf die Rollmatte legen (glatte Seite nach unten). Die Hände mit Essigwasser befeuchten und ein Viertel vom Reis darauf verteilen (s. S. 49).

3 In die Reismitte leicht eine Linie drücken und mit 1 TL Feigensenf bestreichen. Darauf in einer Linie ein Viertel der Roastbeefstreifen und darüber ein Viertel der Sprossen verteilen. Mithilfe der Matte das Noriblatt samt Füllung aufrollen und rund formen. Mit der Nahtstelle nach unten legen und mit einem Messer in 6 gleich große Stücke schneiden. Auf diese Weise weitere 3 Rollen formen und schneiden. Die Sushi mit der Schnittseite nach oben anrichten.

Hoso-Maki mit Mozzarella

italienisch inspiriert

Zubereitung: ca. 25 Min. | Pro Stück: ca. 40 kcal

Für 24 Stück

2 Tomaten | 125 g Mozzarella
2 Noriblätter
1/2 Portion Sushi-Reis (s. Grundrezept S. 11)
4 TL Pesto (aus dem Glas)

Außerdem:

Bambusrollmatte | Essigwasser

1 Die Tomaten waschen und rundum jeweils 5 dicke Scheiben abschneiden. Kerne entfernen und die Scheiben in Streifen schneiden. Den Mozzarella gut trocken tupfen und in schmale Streifen schneiden.

2 Die Noriblätter längs halbieren. Jeweils 1/2 Blatt auf die Rollmatte legen (glatte Seite nach unten). Die Hände mit Essigwasser befeuchten und ein Viertel vom Reis darauf verteilen (s. S. 49).

3 In die Reismitte leicht eine Linie drücken und mit 1 TL Pesto bestreichen. Ein Viertel der Tomatenstreifen auf die Linie legen, daneben ein Viertel der Mozzarellastreifen verteilen. Mithilfe der Matte das Noriblatt samt Füllung aufrollen und rund formen. Mit der Nahtstelle nach unten legen und mit einem Messer in 6 gleich große Stücke schneiden. So weitere 3 Rollen formen. Die Sushi mit der Schnittseite nach oben anrichten.

links und rechts: Hoso-Maki mit Mozzarella | Mitte: Hoso-Maki mit Roastbeef

Hoso-Maki mit Spargel und Lachs

Frühlings-Sushi

Zubereitung: ca. 35 Min. | Pro Stück: ca. 35 kcal

Für 24 Stück

4 schlanke Stangen grüner Spargel | Salz
16 Blätter Basilikum | 2 Noriblätter | 1/2 Portion Sushi-Reis (s. Grundrezept S. 11) | 100 g Gravad Lachs in Scheiben | 1 TL Wasabipaste

Außerdem:

Bambusrollmatte | Essigwasser

1 Spargel waschen, putzen und holzige Enden abschneiden. Die Stangen in kochendem Salzwasser zugedeckt bei mittlerer Hitze ca. 8 Min. garen. In ein Sieb geben, kalt abbrausen und abtropfen lassen. Basilikumblätter trocken abreiben und in Streifen schneiden.

2 Noriblätter längs halbieren. Jeweils 1/2 Blatt auf die Rollmatte legen (glatte Seite unten). Hände mit Essigwasser befeuchten und ein Viertel vom Reis darauf verteilen (s. S. 49).

3 Ein Viertel der Lachsscheiben auf dem Reis auslegen. In die Mitte eine Längslinie drücken und mit etwas Wasabi bestreichen. Darauf 1 Stange Spargel legen und mit etwas Basilikum bestreuen. Mithilfe der Matte das Noriblatt samt Füllung aufrollen und rund formen. Mit der Nahtstelle nach unten legen und in 6 gleich große Stücke schneiden. So weitere 3 Rollen formen. Die Sushi mit der Schnittseite nach oben anrichten.

Hoso-Maki mit Sardinen und Paprika

spanisch inspiriert

Zubereitung: ca. 25 Min. | Pro Stück: ca. 35 kcal

Für 24 Stück

200 g in Essig eingelegte Sardinen (Boquerones, Fertigprodukt) | 1 rote Paprikaschote
6 Stängel Petersilie | 2 Noriblätter
1/2 Portion Sushi-Reis (s. Grundrezept S. 11)
2 TL Chilisauce (aus dem Asienladen)

Außerdem:

Bambusrollmatte | Essigwasser

1 Sardinen in ein Sieb abgießen und trocken tupfen. Paprikaschote halbieren, putzen, waschen und längs in hauchdünne Streifen schneiden. Petersilie waschen, trocken schütteln und fein hacken.

2 Noriblätter längs halbieren. Jeweils 1/2 Blatt auf die Rollmatte legen (glatte Seite unten). Hände mit Essigwasser befeuchten und ein Viertel vom Reis darauf verteilen (s. S. 49).

3 In die Reismitte eine Linie drücken und mit etwas Chilisauce bestreichen. Ein Viertel der Sardinen auf die Linie legen, daneben ein Viertel der Paprikastreifen verteilen und mit Petersilie bestreuen. Mithilfe der Matte das Noriblatt samt Füllung aufrollen und rund formen. Mit der Nahtstelle nach unten legen und in 6 gleich große Stücke schneiden. So weitere 3 Rollen formen. Die Sushi mit der Schnittseite nach oben anrichten.

links: Hoso-Maki mit Spargel und Lachs | rechts: Hoso-Maki mit Sardinen und Paprika

Futo-Maki mit Forelle und Birne

leicht & kalorienarm

Zubereitung: ca. 35 Min. | Pro Stück: ca. 55 kcal

Für 16 Stück

1 geräuchertes Forellenfilet ohne Haut (ca. 150 g)
1 große Birne | 1 TL frisch gepresster Zitronensaft | 5 große Radicchio-Blätter
2 Noriblätter | 1/2 Portion Sushi-Reis (s. Grundrezept S. 11) | 1 TL Wasabipaste

Außerdem:

Bambusrollmatte | Essigwasser

1 Das Forellenfilet längs in ca. 1 cm breite Streifen schneiden. Birne waschen, vierteln und das Kerngehäuse entfernen. Die Viertel nochmals längs halbieren und sofort mit Zitronensaft mischen. Radicchio waschen, trocken tupfen und den Strunk wegschneiden. Die Blätter übereinanderlegen und längs in feine Streifen schneiden.

2 1 Noriblatt auf die Rollmatte legen (glatte Seite nach unten). Die Hände mit Essigwasser befeuchten und die Hälfte vom Reis darauf verteilen. In die Reismitte längs eine Vertiefung drücken. Etwas Wasabipaste daraufstreichen und die Hälfte von Forelle, Birne und Radicchio darauflegen. Mithilfe der Matte aufrollen und zu einer festen Rolle formen. Die zweite Rolle ebenso herstellen. Jede Rolle mit einem Messer in 8 gleich große Stücke schneiden.

Futo-Maki mit Flusskrebs und Melone

sommerlich frisch

Zubereitung: 35 Min. | Pro Portion: ca. 45 kcal

Für 16 Stück

100 g gegarte Flusskrebsschwänze
150 g Galia-Melone
1/2 Bund Rucola
2 Noriblätter
1/2 Portion Sushi-Reis (s. Grundrezept S. 11)
1 TL Wasabipaste

Außerdem:

Bambusrollmatte | Essigwasser

1 Die Flusskrebsschwänze trocken tupfen und in ca. 1 cm große Stücke schneiden. Die Kerne aus der Melone schaben. Das Fruchtstück schälen, quer halbieren und längs in dünne Streifen schneiden. Rucola waschen, trocken schütteln und die harten Stiele abschneiden.

2 1 Noriblatt auf die Rollmatte legen (glatte Seite nach unten). Die Hände mit Essigwasser befeuchten und die Hälfte vom Reis darauf verteilen. In die Reismitte längs eine Vertiefung drücken. Etwas Wasabipaste daraufstreichen und die Hälfte von Flusskrebsfleisch, Melone und Rucola darauflegen. Mithilfe der Matte aufrollen und zu einer festen Rolle formen. Die zweite Rolle ebenso herstellen. Jede Rolle mit einem Messer in 8 gleich große Stücke schneiden.

links: Futo-Maki mit Flusskrebs und Melone | rechts: Futo-Maki mit Forelle und Birne

Futo-Maki mit Tofu und Kürbis

bunter Veggie-Spaß | *Zubereitung: ca. 45 Min.* | *Pro Stück ca. 55 kcal*

Für 16 Stück

4 große Austernpilze
1/2 Knoblauchzehe
1 TL Sonnenblumenöl
100 g Tofu
100 g eingelegter Kürbis (aus dem Glas oder Rezept S. 91)
4 Frühlingszwiebeln
2 Noriblätter
1/2 Portion Sushi-Reis (s. Grundrezept S. 11)
1 TL Wasabipaste

Außerdem:

Bambusrollmatte
Essigwasser

1 Austernpilze trocken abreiben, putzen und längs in Streifen schneiden. Knoblauch schälen und hacken. Öl in einer kleinen Pfanne erhitzen. Die Pilze und den Knoblauch darin bei mittlerer Hitze ca. 3–5 Min. anbraten, herausnehmen. Tofu trocken tupfen und in 1 cm dicke Streifen schneiden. Kürbis in ein Sieb gießen und abtropfen lassen. Frühlingszwiebeln waschen und abtrocknen. Den weißen Teil abschneiden, den grünen Teil weiterverwenden.

2 1 Noriblatt auf die Bambusrollmatte legen (glatte Seite nach unten). Hände mit Essigwasser befeuchten und die Hälfte vom Reis darauf verteilen. In die Reismitte längs eine Vertiefung drücken. Etwas Wasabipaste daraufstreichen und die Hälfte von Pilzen, Tofu, Kürbis und Zwiebelgrün jeweils nebeneinander darauflegen. Mithilfe der Matte aufrollen und zu einer festen Rolle formen. Die zweite Rolle ebenso herstellen. Jede Rolle in 8 gleich große Stücke schneiden.

Futo-Maki mit Pilzen und Räuchertofu

vegetarisch | *Zubereitung: 55 Min.* | *Quellen: 2 Std.* | *Pro Stück: ca. 45 kcal*

Für 16 Stück

8 getrocknete Shiitake-Pilze
100 ml Dashi-Brühe (s. S. 81)
2 EL Zucker
2 EL Sake (s. S. 97)
2 EL Sojasauce
100 g Räuchertofu
1 Stück Gurke (ca. 10 cm)
1/2 Bund Schnittlauch
2 Noriblätter
1/2 Portion Sushi-Reis (s. Grundrezept S. 11)
1 TL Wasabipaste

Außerdem:

Bambusrollmatte
Essigwasser

1 Pilze mit 250 ml heißem Wasser übergießen und 2 Std. quellen lassen. Herausnehmen, die Stiele abschneiden, die Pilzkappen in 5 mm breite Scheiben schneiden. Mit 100 ml Einweichwasser, Dashi-Brühe, Zucker und 1 EL Sake aufkochen. Offen bei mittlerer Hitze 10 Min. kochen lassen. 1 EL Sake und Sojasauce zugeben. Bei starker Hitze 3–5 Min. kochen, bis fast die gesamte Flüssigkeit verdampft ist. Tofu in 1 cm dicke Stifte schneiden. Gurke schälen, vierteln und die Kerne herausschneiden. Die Viertel längs in Streifen schneiden. Schnittlauch waschen und trocken schütteln.

2 1 Noriblatt auf die Rollmatte legen (glatte Seite nach unten). Die Hände mit Essigwasser befeuchten und die Hälfte vom Reis darauf verteilen. In die Reismitte längs eine Vertiefung drücken. Etwas Wasabipaste daraufstreichen und die Hälfte von Pilzen, Tofu, Gurke und Schnittlauch jeweils nebeneinander darauflegen. Mithilfe der Matte aufrollen und zu einer festen Rolle formen. Die zweite Rolle ebenso herstellen. Jede Rolle in 8 gleich große Stücke schneiden.

1

2

3

Ura-Maki mit krosser Lachshaut

Klassiker | *Zubereitung: ca. 45 Min.* | *Pro Stück: ca. 100 kcal*

Für 12 Stück

200 g Lachsfilet mit Haut
1/2 reife Avocado
1 TL Zitronensaft
8–10 Schnittlauchhalme
2 Noriblätter
1/2 Portion Sushi-Reis
(s. Grundrezept S. 11)
1 TL Wasabipaste
3 EL Fliegenfischkaviar
(ersatzweise Sesamsamen)

Außerdem:

Bambusrollmatte
Frischhaltefolie
Küchenbrett
Essigwasser

1 Das Lachsfilet von der Haut schneiden, bräunliche Stellen an der Unterseite des Filets entfernen. Eine beschichtete Pfanne erhitzen und die Haut darin von beiden Seiten bei mittlerer Hitze in 2–3 Min. kross braten. Dabei eventuell mit zwei Gabeln flach drücken, damit sie sich nicht aufrollt (**Bild 1**). Auf Küchenpapier abtropfen lassen und längs in Streifen schneiden.

2 Das Lachsfilet quer in ca. 1 cm dicke Streifen schneiden. Die Avocado schälen und den Kern entfernen. Das Fruchtfleisch längs vierteln und mit Zitronensaft bestreichen. Schnittlauch waschen und trocken schütteln.

3 Die Rollmatte mit Frischhaltefolie umwickeln. Noriblätter längs um ein Drittel kürzen. 1 Noriblatt auf das Küchenbrett legen (glatte Seite nach unten). Die Hände mit Essigwasser befeuchten und die Hälfte vom Reis auf dem Noriblatt verteilen. Leicht andrücken, dabei oben und unten ca. 1 cm Rand frei lassen. Rollmatte darauflegen und wenden (**Bild 2**). Das Brett wegnehmen.

4 Die Hälfte der Wasabipaste in einer Linie auf dem unteren Drittel des Noriblattes verstreichen. Darauf die Hälfte der Lachsstreifen, darauf die Hälfte der Avocadoviertel und Schnittlauchhalme legen (**Bild 3**). Die Hälfte der Lachshaut darauflegen. Vorsichtig mithilfe der Matte aufrollen. Aus den übrigen Zutaten eine zweite Rolle formen. Ein Messer mit Essigwasser befeuchten. Die Rollen halbieren und nebeneinanderlegen. Den Kaviar darauf verteilen und die Hälften in je 3 gleich große Stücke schneiden. Die Sushi aufrecht stehend anrichten.

Clever tauschen

Zur berühmten **California Roll** wird das Ganze, wenn Sie den Lachs durch 4–6 Surimistäbchen ersetzen, statt Schnittlauch dünne Gurkenstifte verwenden und die Noriblätter mit 2 EL Mayonnaise anstelle von Wasabi bestreichen.

Ura-Maki mit Thunfischtatar

moderner Klassiker | *Zubereitung: ca. 35 Min.* | *Pro Stück: ca. 105 kcal*

Für 12 Stück

3 EL geschälte Sesamsamen
180 g frisches Thunfischfilet
1 EL geröstetes Sesamöl
1–2 EL Chilisauce
(aus dem Asienladen)
2 Frühlingszwiebeln
2 Noriblätter
1/2 Portion Sushi-Reis
(s. Grundrezept S. 11)

Außerdem:

Bambusrollmatte
Frischhaltefolie
Küchenbrett
Essigwasser

1 Sesam in einer Pfanne ohne Fett rösten. Thunfisch erst würfeln, dann mit dem Messer fein hacken. Das Tatar mit 1/2 EL Sesam, Sesamöl und Chilisauce mischen. Frühlingszwiebeln waschen, abtrocknen, grünen Teil in feine Ringe schneiden.

2 Die Rollmatte mit Frischhaltefolie umwickeln. Noriblätter längs um ein Drittel kürzen. 1 Noriblatt auf das Küchenbrett legen (glatte Seite nach unten). Die Hände mit Essigwasser befeuchten und die Hälfte vom Reis auf dem Noriblatt verteilen. Den Reis leicht andrücken, dabei oben und unten ca. 1 cm Rand frei lassen. Die Rollmatte darauflegen und wenden (s. S. 59).

3 Die Hälfte vom Tatar in einer Linie auf dem unteren Drittel des Noriblatts verteilen. Die Hälfte der Zwiebeln darüberstreuen. Mithilfe der Matte aufrollen und leicht viereckig formen. Aus den übrigen Zutaten eine zweite Rolle formen. Ein Messer mit Essigwasser befeuchten. Die Rollen halbieren, nebeneinanderlegen und den übrigen Sesam darauf verteilen. Die Hälften in je 3 gleich große Stücke schneiden.

Florida Roll mit Tempura-Garnele

tropisch-sonnig | *Zubereitung: ca. 35 Min. + 25 Min. für die Garnelen* | *Pro Stück: ca. 130 kcal*

Für 12 Stück

50 g Kokosraspel
1/2 kleine reife Papaya
6 Stängel Koriandergrün
4 Kokos-Tempura-Garnelen (s. S. 117)
2 Noriblätter
1/2 Portion Sushi-Reis (s. Grundrezept S. 11)

Außerdem:

Bambusrollmatte
Frischhaltefolie
Küchenbrett
Essigwasser

1 Kokosraspel in einer Pfanne ohne Fett hellbraun rösten. Die Papaya entkernen, schälen und längs in schmale Streifen schneiden. Koriandergrün waschen, trocken schütteln, die Blättchen abzupfen. Garnelen zubereiten (s. S. 117).

2 Die Rollmatte mit Frischhaltefolie umwickeln. Noriblätter längs um ein Drittel kürzen. 1 Noriblatt auf das Küchenbrett legen (glatte Seite nach unten). Hände mit Essigwasser befeuchten und die Hälfte vom Reis auf dem Noriblatt verteilen. Leicht andrücken, dabei oben und unten ca. 1 cm Rand frei lassen. Rollmatte darauflegen und wenden (s. S. 59).

3 Je 2 Garnelen und die Hälfte der Papaya in einer Linie auf dem unteren Drittel des Noriblattes verteilen. Die Hälfte Koriander darüberstreuen. Mit der Matte aufrollen und rund formen. Aus den übrigen Zutaten eine zweite Rolle formen. Ein Messer mit Essigwasser befeuchten. Rollen halbieren, nebeneinanderlegen und die Kokosraspel aufstreuen. Leicht andrücken, Hälften in je 3 gleich große Stücke schneiden.

Ura-Maki mit Omeletthülle

***echter Sattmacher** | Zubereitung: ca. 1 Std. 15 Min. | Pro Portion: ca. 70 kcal*

Für 16 Stück

Für das Omelett:

3 Eier (Größe M)
1/2 TL Zucker
1 TL Mirin (s. S. 97)
1 TL helle Sojasauce | Salz
2 TL Sonnenblumenöl

Für die Füllung:

200 g roter Rettich
12 Blätter Bärlauch
2 Noriblätter
1/2 Portion Sushi-Reis (s. Grundrezept S. 11)
5 EL Doppelrahm-Frischkäse
3/4 TL Shichimi togarashi (s. S. 95)

Außerdem:

1 Bogen Backpapier
Bambusrollmatte
Frischhaltefolie
Küchenbrett | Essigwasser

Clever tauschen

Außerhalb der Bärlauchsaison schmeckt **1/3 Bund Schnittlauch** in Röllchen und ca. **1/4 Bund Rucola,** der in einzelnen Blättchen neben den Rettich gelegt wird.

1 Für das Omelett die Eier mit Zucker, Mirin, Sojasauce und 1 Prise Salz mit dem Schneebesen oder Pürierstab gründlich verquirlen. 1 TL Öl in einer großen beschichteten Pfanne erhitzen. Die Hälfte der Eimasse hineingießen und durch Schwenken in der Pfanne verteilen. Bei mittlerer Hitze stocken lassen. Das Omelett vorsichtig vom Rand her lösen und auf einen Teller gleiten lassen. Das zweite Omelett ebenso backen. Backpapier auf das erste Omelett legen, das zweite daraufgeben und abkühlen lassen.

2 Für die Füllung Rettich waschen, putzen und längs in dünne Stifte schneiden. Bärlauch waschen, trocken tupfen und die Blätter in feine Streifen schneiden. Die Rollmatte mit Frischhaltefolie umwickeln. Noriblätter längs um ein Drittel kürzen. 1 Noriblatt auf das Küchenbrett legen (glatte Seite nach unten). Hände mit Essigwasser befeuchten und die Hälfte vom Reis auf dem Noriblatt verteilen. Leicht andrücken, dabei oben und unten ca. 1 cm Rand frei lassen. Ein Omelett darauf legen, oben und unten gerade schneiden. Die Rollmatte darauflegen und wenden (s. S. 59).

3 Frischkäse in einer Linie auf dem unteren Drittel des Noriblattes verteilen. Die Hälfte von Bärlauch und Shichimi togarashi daraufstreuen, die Hälfte der Rettichstifte daneben anordnen. Mithilfe der Matte aufrollen, dabei das Omelett gut andrücken. Aus den übrigen Zutaten eine zweite Rolle formen. Ein Messer mit Essigwasser befeuchten und die Rollen in je 8 gleich große Stücke schneiden. Die Sushi aufrecht stehend anrichten.

おてもと

Grüne Wasabi-
Ura-Maki

vegetarisch & scharf | *Zubereitung: ca. 45 Min.* | *Pro Stück: ca. 70 kcal*

Für 12 Stück

50 g Wasabi-Erbsen (s. Tipp)
1 kleiner Zucchino
1 Tomate
1/3 Bund Schnittlauch
ca. 40 schmale Rucolablätter
2 Noriblätter
1/2 Portion Sushi-Reis
(s. Grundrezept S. 11)
3 EL Doppelrahm-Frischkäse

Außerdem:

Gefrierbeutel
Nudelholz
Bambusrollmatte
Frischhaltefolie
Küchenbrett
Essigwasser

1 Die Wasabi-Erbsen in den Gefrierbeutel füllen und mit dem Nudelholz zerbröseln. Den Zucchino waschen und putzen. Erst längs in 5 mm dicke Scheiben, dann in 5 mm dicke Stifte schneiden. Nur die Stifte mit Schale weiterverwenden. Tomate waschen und rundum 5 dicke Scheiben abschneiden. Kerne entfernen und die Scheiben in Streifen schneiden. Schnittlauch und Rucola waschen und trocken schütteln. Vom Rucola grobe Stiele abschneiden.

2 Die Rollmatte mit Frischhaltefolie umwickeln, Noriblätter längs um ein Drittel kürzen. 1 Noriblatt auf das Küchenbrett legen (glatte Seite nach unten). Hände mit Essigwasser befeuchten und die Hälfte vom Reis auf das Noriblatt verteilen. Leicht andrücken, dabei oben und unten ca. 1 cm Rand frei lassen. Rollmatte darauflegen und wenden.

3 Den Frischkäse in einer Linie auf dem unteren Drittel des Noriblatts verstreichen. Die Hälfte von Zucchini, Rucola, Tomate und Schnittlauch darauflegen. Mithilfe der Matte aufrollen. Aus den übrigen Zutaten eine zweite Rolle formen. Die Rollen in den Erbsenbröseln wenden und diese leicht andrücken. Ein Messer mit Essigwasser befeuchten und die Rollen in je 6 gleich große Stücke schneiden. Aufrecht stehend anrichten.

Clever dekorieren

Die **Rucolablätter** so einrollen, dass die Blattspitzen ca. 2 cm an beiden Enden der Rollen herausschauen (s. S. 17, Punkt 2).

Gut zu wissen

Wasabi-Erbsen sind mit einer scharfen Wasabikruste überzogene Sojabohnen – eine Knabberei, die es in Asien- und Feinkostgeschäften zu kaufen gibt.

Ura-Maki mit Ingwerhuhn und Mohn

ungewöhnlich | *Zubereitung: ca. 50 Min.* | *Pro Portion: ca. 100 kcal*

Für 12 Stück

1 Hähnchenbrustfilet (ca. 150 g)
1/2 Knoblauchzehe
1 Stück frischer Ingwer (ca. 2 cm)
10 Stängel Koriandergrün
2 EL Sonnenblumenöl
2 EL Sojasauce
6 Blätter Eisbergsalat
3 EL Mayonnaise (s. Tipp)
1 TL Limettensaft
2 Msp. abgeriebene Bio-Limettenschale
2 Noriblätter
1/2 Portion Sushi-Reis (s. Grundrezept S. 11)
5 EL Mohnsamen

Außerdem:

Bambusrollmatte
Frischhaltefolie
Küchenbrett
Essigwasser

1 Das Fleisch trocken tupfen und in schmale Streifen schneiden. Knoblauch schälen und durchpressen. Den Ingwer schälen und fein hacken oder reiben. Beides mit dem Fleisch mischen. Koriandergrün waschen, trocken schütteln und mit den Stängeln hacken. Das Öl in einer Pfanne erhitzen und die Filetstreifen darin bei großer Hitze rundum anbraten. Sojasauce und Koriandergrün zugeben und unter Rühren bei mittlerer Hitze 1–2 Min. garen. Vom Herd nehmen.

2 Salat waschen, trocken schleudern und in sehr feine Streifen schneiden. Mayonnaise mit Limettensaft und -schale verrühren. Die Rollmatte mit Frischhaltefolie umwickeln. Noriblätter längs um ein Drittel kürzen. 1 Noriblatt auf das Küchenbrett legen (glatte Seite nach unten). Die Hände mit Essigwasser befeuchten und die Hälfte vom Reis auf dem Noriblatt verteilen. Leicht andrücken, dabei oben und unten ca. 1 cm Rand frei lassen. Rollmatte darauflegen und wenden.

3 Die Hälfte der Mayonnaise in einer Linie auf dem unteren Drittel des Noriblatts verteilen. Je die Hälfte von Salat und abgekühlten Filetstreifen darauflegen. Mithilfe der Matte aufrollen und rund formen. Aus den übrigen Zutaten eine zweite Rolle formen. Mohn auf einem flachen Teller verteilen, die Rollen darin wenden und den Mohn leicht festdrücken. Die Rollen in je 6 gleich große Stücke schneiden.

Clever selber machen

Für eine **Asia-Mayonnaise,** die sich auch als Dip oder für einen Salat eignet: **1 ganz frisches Eigelb** mit **1 EL Reisessig** (ersatzweise frisch gepresster Zitronen- oder Limettensaft) und **je 1 Prise Salz und Zucker** verrühren. Ca. **80 ml Sonnenblumenöl** erst tropfenweise mit dem Schneebesen unterschlagen, dann das Öl in dünnem Strahl zugießen. Weiterschlagen, bis eine cremige Mayonnaise entsteht.

Regenbogen-Sushi mit Lachs und Thunfisch

sieht toll aus | *Zubereitung: ca. 40 Min.* | *Pro Portion: ca. 60 kcal*

Für 16 Stück

150 g frisches Thunfischfilet (möglichst in Sushi-Zuschnitt, s. S. 23)
80 g frisches Lachsfilet ohne Haut (möglichst in Sushi-Zuschnitt, s. S. 23)
150 g Bio-Gurke
1/2 Bund Schnittlauch
2 Noriblätter
1/2 Portion Sushi-Reis (s. Grundrezept S. 11)
1 TL Wasabipaste

Außerdem:

Bambusrollmatte
Frischhaltefolie
Küchenbrett
Essigwasser

1 Thunfisch und Lachs in dünne Scheiben (ca. 3 x 8 cm) schneiden, wie für Nigiri-Sushi (**Bild 1**). Knapp die Hälfte der Thunfischstreifen nochmals längs halbieren. Gurke waschen, vierteln und die Kerne herausschneiden. Die Viertel längs in schmale Streifen schneiden. Schnittlauch waschen und trocken schütteln.

2 Die Rollmatte mit Frischhaltefolie umwickeln. Noriblätter längs um ein Drittel kürzen. 1 Noriblatt auf das Küchenbrett legen (glatte Seite nach unten). Die Hände mit Essigwasser befeuchten und die Hälfte vom Reis auf dem Noriblatt verteilen. Leicht andrücken, dabei oben und unten ca. 1 cm Rand frei lassen. Rollmatte darauflegen und wenden.

3 Die Hälfte Wasabi in einer Linie auf dem unteren Drittel des Noriblatts verstreichen. Jeweils die Hälfte der schmalen Thunfischstreifen, Gurkenstifte und Schnittlauchhalme darauflegen (**Bild 2**). Mithilfe der Matte aufrollen und rund formen. Aus den übrigen Zutaten eine zweite Rolle formen. Die Rolle mit der Nahtseite nach unten hinlegen. Jetzt abwechselnd je 1 Streifen Thunfisch und Lachs dicht an dicht über die Rolle legen (**Bild 3**). Rollmatte darüberschlagen, die Fischstreifen leicht festdrücken und die Rolle in Form drücken. Jede Rolle in 8 gleich große Stücke schneiden. In einer Linie als Rolle aufrecht anordnen.

Regenbogenrolle mit gegrillter Paprika

spanisch inspiriert | *Zubereitung: ca. 1 Std. 15 Min.* | *Pro Stück: ca. 55 kcal*

Für 16 Stück

je 1 große rote und gelbe Paprikaschote
2 Eier (Größe S)
Salz | Pfeffer
Chilipulver
1 TL Olivenöl
6 Artischockenherzen in Salzlake (aus der Dose)
10 entsteinte schwarze Oliven in Salzlake
2 Noriblätter
1/2 Portion Sushi-Reis (s. Grundrezept S. 11)

Außerdem:

Alufolie
Gefrierbeutel
Bambusrollmatte
Frischhaltefolie
Küchenbrett
Essigwasser

1 Den Backofen auf 225° vorheizen, ein Backblech mit Alufolie belegen. Paprikaschoten vierteln, putzen und waschen. Mit der Hautseite nach oben aufs Blech legen. Im Ofen (oben, Umluft 200°) ca. 20 Min. rösten, bis die Haut schwarze Flecken hat. Herausnehmen, sofort in den Gefrierbeutel füllen, verschließen und 20 Min. auskühlen lassen.

2 Inzwischen die Eier mit dem Schneebesen oder Pürierstab gut verquirlen. Mit Salz, Pfeffer und Chilipulver würzen. Das Öl in einer kleinen beschichteten Pfanne erhitzen. Die Eier hineingießen und bei mittlerer Hitze stocken lassen. Wenden und auf der zweiten Seite hellbraun braten. Das Omelett herausnehmen und abkühlen lassen.

3 Paprika häuten, längs halbieren. Artischockenherzen abtropfen lassen und vierteln. Oliven längs in Streifen schneiden. Abgekühltes Omelett in ca. 1 cm breite Streifen schneiden.

4 Die Rollmatte mit Frischhaltefolie umwickeln. Noriblätter längs um ein Drittel kürzen. 1 Noriblatt auf das Küchenbrett legen (glatte Seite nach unten). Die Hände mit Essigwasser befeuchten und die Hälfte vom Reis auf dem Noriblatt verteilen. Leicht andrücken, dabei oben und unten ca. 1 cm Rand frei lassen. Rollmatte darauflegen und wenden.

5 Die Hälfte der Artischocken in einer Linie auf das untere Drittel des Noriblatts legen. Jeweils die Hälfte der Omelettstreifen daneben verteilen und die Hälfte der Oliven darüberstreuen. Mithilfe der Matte aufrollen, rund formen. Übrige Zutaten zu einer zweiten Rolle formen. Rolle mit der Nahtseite nach unten hinlegen. Abwechselnd je 1 gelben und roten Paprikastreifen dicht an dicht über die Rolle legen. Rollmatte darüberschlagen, Paprikastreifen leicht festdrücken und die Rolle in Form drücken. Jede Rolle in 8 gleich große Stücke schneiden. In einer Linie als Rolle aufrecht anordnen.

Besonders clever!

Wer Zeit sparen will, verwendet **gehäutete, in Öl eingelegte Paprikastreifen** aus dem Glas. Das Öl vor dem Verarbeiten gut mit Küchenpapier abtupfen.

Schicht-Sushi mit Sardinen

fix für Viele | *Zubereitung: ca. 30 Min.* | *Marinieren: 1 Std. 30 Min.* | *Pro Stück: ca. 30 kcal*

Für ca. 24 Stück

ca. 200 g Sardinenfilets mit Haut (ca. 10 Stück à ca. 25 g)
2 EL Meersalz
80 ml Reisessig
2 TL Zucker
1 Noriblatt
1 1/2 TL Wasabipaste
1 Portion Sushi-Reis (s. Grundrezept S. 11)

Außerdem:

Glas- oder Keramikschale (ca. 12 x 18 cm)
Frischhaltefolie
Essigwasser
Küchenbrett

Clever wählen

Sardinenfilets können unterschiedlich groß sein. Daher beim Fischhändler ungefähr gleich große aussuchen oder auf eine Länge zuschneiden. Die Größe der Form sollte sich dann idealerweise nach den Sardinen richten: Ihre Länge gibt die Breite der Form vor.

1 Sardinenfilets kalt abspülen und trocken tupfen. Beidseitig mit Meersalz einreiben, in eine Schale legen und im Kühlschrank 1 Std. ziehen lassen. Die Filets unter fließend kaltem Wasser abspülen und trocken tupfen.

2 Essig und Zucker in einer flachen Schale gut verrühren und die Fischfilets mit der Hautseite nach oben hineinlegen. Zugedeckt im Kühlschrank 30 Min. marinieren. Aus der Marinade nehmen und trocken tupfen.

3 Die Schale mit Frischhaltefolie auslegen. Das Noriblatt auf Formgröße zuschneiden und die raue Seite mit Wasabipaste bestreichen. Die Sardinenfilets mit der Hautseite nach unten dicht an dicht (abwechselnd Kopf- und Schwanzende nebeneinander) in die Form legen, leicht andrücken.

4 Die Hände mit Essigwasser befeuchten. Die Hälfte vom Reis auf dem Fisch verteilen und leicht glatt drücken. Das Noriblatt mit der Wasabiseite nach unten darauflegen. Den restlichen Reis darauf verteilen und glatt drücken. Frischhaltefolie über den Reis legen und ein passendes Brett auflegen. Den Reis damit gleichmäßig zusammendrücken. Brett und Folie entfernen.

5 Ein großes Brett auf die Form legen. Beides wenden und den Forminhalt aufs Brett stürzen. Die Folie abziehen. Mit einem scharfen Messer ca. 3 x 3 cm große Sushi zuschneiden. Dabei das Messer immer wieder mit Essigwasser säubern, damit es saubere Schnittkanten gibt.

Sashimi mit rohem Fisch

rein & pur | *Zubereitung: ca. 45 Min.* | *Pro Person: ca. 120 kcal*

Für 4 Personen

100 g Gurke
100 g weißer Rettich
100 g frisches Thunfischfilet (möglichst in Sushi-Zuschnitt, 3 x 3 cm, s. S. 23)
80 g frisches Lachsfilet ohne Haut (rechteckiges, dickes Stück von der Rückenseite ohne Bauchlappen)
1 Seezungenfilet (ca. 75 g)

Außerdem:

Eiswürfel
Wasabipaste zum Dippen
Sojasauce zum Dippen (ersatzweise Ponzusauce, s. Tipp)

1 Gurke und Rettich schälen. Beides mit dem Gemüsehobel längs in hauchdünne Scheiben hobeln. Die Scheiben übereinanderlegen und mit dem Messer längs in hauchdünne Streifen schneiden. Die Gemüsestreifen für 20 Min. in eine Schale mit kaltem Wasser und Eiswürfeln legen.

2 Inzwischen den Thunfisch schräg im 45°-Winkel in ca. 1,5 cm dicke Scheiben schneiden. Den Lachs ebenfalls schräg in ca. 1 cm breite Scheiben schneiden. Seezungenfilet an den Rändern gerade schneiden, eventuell verbliebene Gräten herauszupfen. Mit dem Messer schräg hauchdünne Scheiben herunterschneiden. Das Messer dabei fast parallel zum Brett neigen.

3 Die Gemüsestreifen in ein Sieb abgießen und trocken tupfen. Die Fischscheiben auf einer Platte fächerförmig nach Sorten getrennt anrichten. Das Gemüse daneben legen. Wasabipaste und Soja- oder Ponzusauce in Schälchen zum Dippen dazu servieren.

Clever variieren

Sashimi-Fisch können Sie ganz nach Lust und Laune wählen: Dafür passen alle Fischsorten, die sich auch für Nigiri eignen, wie z. B. **Wolfsbarsch** oder **Forelle,** aber auch **Tintenfisch** und marinierte **Makrele** (s. S. 25). Genauso fein, wenn sie topfrisch sind: in dünne Scheiben geschnittene **Jakobsmuscheln** oder in der Schale angerichtete **Austern.**

Clever selber machen

Ponzu-Sauce zum Dippen kann man zwar fertig kaufen, aber auch **selbst kochen:** 5 EL frisch gepressten Limettensaft mit 5 EL Mirin einmal kurz aufkochen. 7 EL dunkle und 2 EL helle Sojasauce und 1 Stück Kombu (5 x 5 cm) zugeben. Verrühren und abkühlen lassen. In einem Schraubglas hält sich die Sauce im Kühlschrank 3–4 Wochen.

Japanische Räucherfischplatte

die Sashimi-Alternative | *Zubereitung: ca. 30 Min.* | *Pro Portion: ca. 405 kcal*

Für 4 Personen

2 dicke Möhren
60 g Bio-Gurke
4 Radieschen
100 g Räucheraalfilet
150 g geräuchertes Forellenfilet
150 g Räucherlachs in Scheiben
1/2 Bund Dill
150 g Crème fraîche
1 TL frisch gepresster Zitronensaft
1 TL Wasabipaste
Salz | Pfeffer
1 Prise Zucker

1 Die Möhren putzen, schälen und längs in möglichst dünne Scheiben schneiden oder hobeln. Die Gurke waschen und mit der Schale in Stifte schneiden. Radieschen waschen, putzen und in Scheiben schneiden. Das Gemüse nach Sorten getrennt auf einer Platte anrichten.

2 Aalfilet und Forellenfilet in mundgerechte Stücke schneiden. Mit dem Räucherlachs ebenfalls auf der Platte anrichten. Den Dill waschen und trocken schütteln. Grobe Stiele abschneiden, die Spitzen fein hacken. Mit Crème fraîche, Zitronensaft und Wasabipaste verrühren. Mit Salz, Pfeffer und Zucker abschmecken. In ein Schälchen füllen und mit dem Gemüse und Räucherfisch servieren.

Clever selber machen

Wie wäre es einmal mit selbst **gebeiztem Saibling?** Dafür 1 Saibling beim Fischhändler filetieren lassen (Haut dranlassen). Die Filets waschen, trocken tupfen und eventuell verbliebene Gräten herauszupfen. Je 1 TL grobes Meersalz, 1/2 TL braunen Zucker und 3/4 TL Shichimi togarashi mischen und die Fleischseite der Filets damit einreiben. 1/2 Bund Dill waschen, trocken schütteln, fein hacken und darüberstreuen. Mit 1 EL frisch gepresstem Zitronensaft beträufeln. Die beiden Innenseiten aufeinanderlegen. Den Fisch in Frischhaltefolie wickeln, in eine Schale legen, ein Küchenbrett darauflegen und mit Konservendosen beschweren. Im Kühlschrank 24 Std. ziehen lassen, dabei 2–3-mal wenden. Die Filets leicht trocken tupfen und schräg in Scheiben schneiden.

Kleinigkeiten – frisch aufgetischt

Und das gibt's auch noch in der Sushi-Bar: leichte Suppen, kleine Spieße und viele, viele leckere Häppchen!

Für 2 Personen

500 ml Hühnerbrühe
2 EL Sake (s. S. 97)
1 EL helle Sojasauce
1 TL geröstetes Sesamöl
1 Prise Zucker
4 Frühlingszwiebeln
2 Eier (Größe S) | Salz

Eierblumensuppe

superschnell gemacht | *im Bild links*
Zubereitung: ca. 15 Min. | *Pro Portion: ca. 200 kcal*

1 Die Hühnerbrühe mit Sake, Sojasauce, Sesamöl und Zucker in einem Topf aufkochen lassen.

2 Inzwischen die Frühlingszwiebeln waschen und putzen. Den weißen Teil schräg in 5 mm breite Stücke, das Grün in feine Ringe schneiden. Die Eier mit einer Gabel nur leicht verrühren, salzen.

3 Die Hitze reduzieren und die Brühe nur noch sanft kochen lassen. Die Eier über die Gabel in die Suppe laufen lassen und verrühren. Die Suppe mit den Frühlingszwiebeln bestreuen und in Schälchen servieren.

Miso-Suppe
mit Tofu

Klassiker | *Zubereitung: ca. 20 Min.* | *Pro Portion: ca. 60 kcal*

Für 2 Personen

50 g Seidentofu (s. Tipp)
1 Frühlingszwiebel
400 ml Dashi-Brühe (s. Tipp)
2 EL rotes Miso
(Akamiso, s. Tipp)
1 EL Instant-Wakame (s. Tipp)
1 EL helle Sojasauce
(nach Belieben)

Außerdem:

Küchenbrett

1 Den Tofu auf ein Brett legen, vorsichtig trocken tupfen und in kleine Würfel schneiden. Die Frühlingszwiebel waschen, abtrocknen und nur den grünen Teil in ganz feine Ringe schneiden.

2 Für die Dashi-Brühe 400 ml Wasser aufkochen und das Instant-Dashipulver nach Packungsanweisung zugeben. Aufkochen lassen, dann die Hitze sofort reduzieren. Das Miso in die Brühe rühren. Instant-Wakame einstreuen und 1–2 Min. ziehen lassen.

3 Die Brühe nach Belieben mit Sojasauce würzen. Die Tofuwürfel zugeben und in der Brühe erwärmen; dabei aber nicht mehr kochen lassen. Die Suppe auf zwei Schälchen verteilen und mit dem Zwiebelgrün bestreut servieren.

Clever variieren

Die Suppe schmeckt auch hervorragend **mit zusätzlichen Einlagen:** z. B. mit 1 Handvoll frischen Spinatblättern oder Sojabohnensprossen, die nur kurz mit den Algen gar ziehen. Oder aber mit dünnen Rettich- und/oder Möhrenstreifen oder in schmale Streifen geschnittenen frischen Shiitake-Pilzen (nur die Hüte verwenden). Diese 2–3 Min. bei schwacher Hitze in der Brühe garen lassen, bevor Sie die Algen einstreuen.

Gut zu wissen

Seidentofu ist weicher und feiner als fester Tofu. Er wird gerne frisch gegessen oder für Suppen und als Basis für Saucen verwendet. **Dashi-Brühe** ist die japanische Allround-Brühe. Sie wird aus getrockneten Bonitoflocken (eine Thunfischart) und Kombu gekocht. Im Asienladen gibt es sie bereits fertig als Instantpulver, das nur noch in kochendes Wasser eingerührt werden muss. Bei **Wakame** handelt es sich um eine getrocknete Meeresalge. Normalerweise muss man sie vor dem Verarbeiten einweichen, Instant-Wakame dagegen nur in heiße Flüssigkeit einrühren. Von der Sojabohnenpaste **Miso** gibt es verschiedenste Varianten, je nachdem, ob sie nur Sojabohnen oder auch Getreide (z. B. Reis oder Gerste) enthält. Die gängigsten Sorten sind das intensive und recht salzige **rote Miso** (Akamiso) und das leicht süßliche helle oder **weiße Miso** (Shiromiso).

Rindfleischsuppe mit Soba-Nudeln

kräftig | *Zubereitung: ca. 35 Min.* | *Marinieren: 2 Std.*
Pro Portion: ca. 350 kcal

Für 2 Personen

100 g Rinderfilet | 1 Knoblauchzehe
3 EL Sojasauce | 1 EL geröstetes Sesamöl
1 EL Sesamsamen | 1/2 TL Zucker
60 g Soba-Nudeln (s. S. 101) | Salz
100 g Wurzelspinat | 4 Champignons
2 Frühlingszwiebeln | 400 ml Rinderbrühe
2 EL Mirin (s. S. 97) | 1 EL Sonnenblumenöl

1 Fleisch in sehr dünne Scheibchen schneiden. Knoblauch schälen, durchpressen und mit 1 EL Sojasauce, Sesamöl, Sesamsamen und Zucker verrühren. Das Fleisch untermischen und zugedeckt 2 Std. marinieren.

2 Nudeln nach Packungsanweisung in Salzwasser garen, in ein Sieb abgießen. Spinat waschen, putzen und in einzelne Blätter teilen. Pilze trocken abreiben und in Scheiben schneiden. Frühlingszwiebeln waschen, putzen, schräg in Ringe schneiden. Brühe aufkochen. Mirin einrühren, Spinat und Pilze zugeben, bei schwacher Hitze 3 Min. garen.

3 Inzwischen Öl im Wok oder einer beschichteten Pfanne erhitzen. Fleisch darin 2 Min. scharf anbraten. Zwiebeln und 2 EL Sojasauce zugeben, unter Rühren 1 Min. weiterbraten. Die Nudeln auf zwei Suppenschalen verteilen, mit Suppe übergießen und das Fleisch daraufgeben. Heiß servieren.

Hähnchen-Ramen-Suppe

Energiespender
Zubereitung: ca. 25 Min. | *Pro Portion: ca. 375 kcal*

Für 2 Personen

1/2 Hähnchenbrustfilet (ca. 120 g)
1 Knoblauchzehe | 1 Möhre | 1 Stück Lauch (ca. 5 cm) | 80 g Mungbohnensprossen
350 g Hühnerbrühe | 80 g Ramen (asiatische Eiernudeln) | 1 TL Instant-Wakame (s. S. 81)
1 EL Sonnenblumenöl | 2 EL Sojasauce
2–3 EL Sweet-Chili-Sauce (aus dem Asienladen)
2 EL rotes Miso (Akamiso, s. S. 81)

1 Das Fleisch in schmale Streifen schneiden. Knoblauch schälen und fein würfeln. Möhre putzen, schälen und in feine, ca. 5 cm lange Stifte schneiden. Lauch halbieren, waschen und längs in schmale Streifen schneiden. Sprossen in einem Sieb kalt abbrausen.

2 Die Brühe aufkochen. Ramen, Möhre, Lauch und Instant-Wakame zugeben. Zugedeckt bei mittlerer Hitze 2–4 Min. garen. Die Sprossen hineingeben und ziehen lassen.

3 Inzwischen das Öl in einer beschichteten Pfanne oder im Wok erhitzen. Die Filetstreifen und den Knoblauch darin bei starker Hitze 1 Min. anbraten. Soja- und Sweet-Chili-Sauce zugeben und bei mittlerer Hitze 2 Min. weiterbraten. Vom Herd nehmen. Misopaste in die Suppe rühren. Die Suppe auf zwei Schalen verteilen, das Fleisch unterheben und sofort servieren.

vorne: Hähnchen-Ramen-Suppe | hinten: Rindfleischsuppe mit Soba-Nudeln

Sumo-Eintopf mit Gemüse

macht bärenstark

Zubereitung: ca. 25 Min. | Pro Portion: ca. 170 kcal

Für 2 Personen

4 frische Shiitake-Pilze | 120 g Chinakohl
5 Baby-Maiskölbchen | 70 g Lauch
100 g Tofu | 1 Stück frischer Ingwer (ca. 2 cm)
450 ml Hühnerbrühe | 2 EL Mirin (s. S. 97)
1 EL Sojasauce | 2 Frühlingszwiebeln
1 TL Shichimi togarashi (s. S. 95)

1 Pilze trocken abreiben und ohne Stiele in 5 mm breite Streifen schneiden. Chinakohl waschen, putzen. Strunk in schmale Streifen, Blätter in 3 cm breite Streifen schneiden. Mais waschen und in 1 cm lange Stücke schneiden. Lauch waschen, putzen und in 5 mm breite Ringe schneiden. Tofu in 2 cm große Würfel schneiden. Ingwer schälen und fein hacken.

2 Die Brühe aufkochen. Ingwer, Mirin, Sojasauce und Mais zugeben. Zugedeckt bei mittlerer Hitze 2 Min. kochen lassen. Das übrige Gemüse zugeben und bei schwacher Hitze 2–3 Min. weitergaren.

3 Inzwischen Frühlingszwiebeln waschen, putzen, in Ringe schneiden. Mit dem Tofu in die Suppe streuen und darin erwärmen. Den Eintopf auf zwei Suppenschalen verteilen und mit Shichimi togarashi bestreuen.

Clever variieren

Wer möchte, kann den **Tofu** auch frittieren (s. S. 103).

Lachs-Garnelen-Suppe

schnell & einfach

Zubereitung: ca. 30 Min. | Pro Portion: ca. 175 kcal

Für 2 Personen

100 g Lachsfilet ohne Haut
50 g weißer Rettich
50 g Zuckerschoten
1 Stück frischer Ingwer (ca. 2 cm)
400 ml Dashi-Brühe (s. S. 81)
2 EL Sake (s. S. 97) | 1 EL Sojasauce
1 EL weißes Miso (Shiromiso, s. S. 81)
50 g gegarte geschälte Garnelen

1 Das Lachsfilet trocken tupfen und in 3 cm große Würfel schneiden. Den Rettich schälen. Erst längs in schmale Scheiben, dann diese in schmale Stifte schneiden. Die Zuckerschoten waschen, putzen und längs in 5 mm dicke Streifen schneiden. Den Ingwer schälen und fein hacken.

2 Die Dashi-Brühe nach Packungsanweisung aufkochen. Ingwer, Sake und Sojasauce zugeben. Die Hitze reduzieren. Lachs und Gemüse in die Brühe geben und zugedeckt bei schwacher Hitze ca. 5 Min. garen.

3 Das Miso gut unterrühren, die Garnelen einlegen und kurz erwärmen. Die Suppe auf zwei Schalen oder Teller verteilen und heiß servieren.

links: Sumo-Eintopf mit Gemüse | rechts: Lachs-Garnelen-Suppe

1
2
3

Ingwersuppe mit Fischklößchen

fein & edel | *Zubereitung: ca. 30 Min.* | *Kühlen: 1 Std.* | *Pro Portion: ca. 300 kcal*

Für 2–3 Personen

Für die Fischklößchen:

200 g Kabeljaufilet
1 Stück frischer Ingwer (ca. 2 cm)
1 EL Sake (s. S. 97)
4–5 EL Fischfond (aus dem Glas)
Salz | Chilipulver
1 TL Sesamöl
1 Eiweiß

Für die Ingwerbrühe:

1 Stück frischer Ingwer (ca. 3 cm)
800 ml Fischfond (aus dem Glas, abzüglich 4–5 EL für die Klößchen)
4 EL Sake (s. S. 97)
1 EL Sojasauce
2 EL Weißweinessig
1 Prise Zucker
Salz (nach Belieben)
1/2 Bund Schnittlauch

1 Für die Fischklößchen den Fisch kalt abspülen, trocken tupfen und eventuell verbliebene Gräten entfernen. Das Filet sehr klein würfeln. Ingwer schälen und fein hacken oder reiben. Beides mit Sake und Fischfond im Mixer oder mit dem Pürierstab fein pürieren. Mit Salz, Chilipulver und Sesamöl würzen. Eiweiß zugeben und nochmals kurz pürieren. Die Fischmasse zugedeckt 1 Std. kühl stellen.

2 Für die Brühe Ingwer schälen. Erst längs in dünne Scheiben, dann in hauchdünne Stifte schneiden. Mit dem Fischfond in einem Topf aufkochen lassen. Sake, Sojasauce und Essig unterrühren und zugedeckt bei mittlerer Hitze 5 Min. sanft kochen lassen.

3 Von der Fischmasse mit einem Teelöffel einen Nocken abstechen (**Bild 1**) und mithilfe eines zweiten Löffels zu einem länglichen Klößchen formen (**Bild 2**). So die gesamte Fischmasse verarbeiten. Die Klößchen in die Brühe einlegen und bei schwacher Hitze in 5–7 Min. gar ziehen lassen, bis sie an die Oberfläche steigen (**Bild 3**). Die Suppe mit Zucker und nach Belieben wenig Salz abschmecken. Schnittlauch waschen, trocken schütteln und in kurze Stücke schneiden. Vor dem Servieren in die Suppe geben.

Besonders clever!

Stellen Sie sich ein Schälchen mit **Essigwasser** bereit. Darin die Löffel beim Formen der Klößchen kurz benetzen bzw. säubern.

Auberginen mit süßer Misosauce

außergewöhnlich
Zubereitung: ca. 35 Min. | Pro Portion: ca. 220 kcal

Für 2 Personen

1 schlanke Aubergine (ca. 200 g)
2 EL Sonnenblumenöl
2 EL Sojasauce
ca. 150 ml Dashi-Brühe (s. S. 81)
1 EL Sesampaste (s. Tipp)
2 EL weißes Miso (Shiromiso, s. S. 81)
1 EL Mirin (s. S. 97)
1 EL schwarze Sesamsamen

1 Die Aubergine waschen, putzen und in 1 cm dicke Scheiben schneiden. Das Öl in einer beschichteten Pfanne erhitzen und die Auberginenscheiben darin bei großer Hitze von beiden Seiten 2–4 Min. anbraten. 1 TL Sojasauce und 3–4 EL Dashi-Brühe zugeben, bei mittlerer Hitze garen bis die Flüssigkeit verdampft ist. Diesen Vorgang wiederholen, bis 1 1/2 EL Sojasauce und ca. 100 ml Dashi-Brühe aufgebraucht sind.

2 Die Auberginenscheiben aus der Pfanne nehmen und auf einer Platte anrichten. Sesampaste, Miso, Mirin und übrige Sojasauce verrühren. Dabei so viel Dashi zugießen, bis die Sauce cremig ist. Die Sauce über die lauwarmen oder kalten Auberginen träufeln und mit Sesam bestreuen.

Spinat mit Miso-Sesam-Sauce

Klassiker
Zubereitung: ca. 30 Min. | Pro Portion: ca. 125 kcal

Für 2 Personen

400 g Blattspinat
1 EL Sesampaste (s. Tipp)
1 EL rotes Miso (Akamiso, s. S. 81)
1 EL helle Sojasauce
2 EL Mirin (s. S. 97)
1 EL Sesamsamen

1 Den Spinat putzen, waschen und abtropfen lassen. In einen großen Topf geben und bei starker Hitze zusammenfallen lassen. In ein Sieb abgießen, kurz in eiskaltes Wasser tauchen und abtropfen lassen. Den Spinat mit beiden Händen gut ausdrücken, zerzupfen und auflockern.

2 Sesampaste und Miso mit Sojasauce und Mirin verrühren. Dabei so viel lauwarmes Wasser einrühren, bis die Sauce cremig ist. Die Sauce über den Spinat träufeln. Den Salat mit Sesamsamen bestreut servieren.

Gut zu wissen

Wer im Asienladen keine japanische Sesampaste bekommt, kann einfach **Tahin** nehmen – gibt's im Bioladen oder türkischen Lebensmittelgeschäft.

vorne: Spinat mit Miso-Sesam-Sauce | hinten: Auberginen mit süßer Misosauce

Süßscharfer Ingwerkürbis

herbstlich | *Zubereitung: ca. 35 Min.*
Ruhen: ca. 5 Std. | *Pro Portion: ca. 130 kcal*

Für 2 Personen

450 g Kürbisfruchtfleisch (geputzt gewogen, z. B. Muskatkürbis)
1 frische rote Chilischote
1 Stück frischer Ingwer (ca. 3 cm)
3 EL Zucker
2 EL Sojasauce
3 EL Reisessig
Salz (nach Belieben)

1 Das Kürbisfruchtfleisch erst in ca. 3 x 3 cm große Würfel, diese in 5 mm dicke Scheiben schneiden. Die Chilischote waschen, halbieren, entkernen und fein hacken. Den Ingwer schälen und sehr fein würfeln.

2 Zucker, Chili und Ingwer in einen Topf geben und bei mittlerer Hitze hellbraun karamellisieren lassen. Den Kürbis einrühren und Sojasauce zugeben. Unter Rühren 1 Min. anbraten, dann zugedeckt 8–10 Min. garen. Dabei eventuell wenig Wasser zugeben, damit der Kürbis nicht anbrennt.

3 Den Essig unterrühren und offen 2–3 Min. weitergaren, bis der Kürbis bissfest ist. Nach Belieben mit Salz würzen. Den Kürbis lauwarm servieren oder alternativ im Topf noch 4–5 Std. durchziehen lassen.

Marinierter Sesam-Spargel

knackig frisch | *Zubereitung: ca. 25 Min.*
Marinieren: 3 Std. | *Pro Portion: ca. 355 kcal*

Für 2 Personen

500 g dünner grüner Spargel (z. B. Thai-Spargel)
Salz | 1 Knoblauchzehe
1 Stück frischer Ingwer (ca. 4 cm)
1–2 Spritzer Chilisauce (aus dem Asienladen)
3 EL helle Sojasauce
5 EL frisch gepresster Limettensaft
1 EL Mirin (s. S. 97)
1 EL Zucker
4 EL Sonnenblumenöl
3 EL schwarze Sesamsamen

1 Spargel waschen, putzen und holzige Enden abschneiden. Die Stangen quer halbieren. Ausreichend Wasser in einem Topf zum Kochen bringen, salzen. Den Spargel darin zugedeckt bei mittlerer Hitze in 5–7 Min. bissfest garen (Thai-Spargel 2–5 Min.). In ein Sieb abgießen, mit eiskaltem Wasser überbrausen und abtropfen lassen.

2 Knoblauch und Ingwer schälen. Den Knoblauch durchpressen, den Ingwer fein hacken oder reiben. Beides mit Chili- und Sojasauce, Limettensaft, Mirin, Zucker, Öl und Sesam verrühren, bis sich der Zucker löst. Den Spargel in der Marinade wenden und in einer Schale zugedeckt im Kühlschrank 3 Std. marinieren. Vor dem Servieren nochmals durchmischen.

links: Marinierter Sesam-Spargel | rechts: Süßscharfer Ingwerkürbis

1
2
3

Chinakohlröllchen
mit Zitrus-Sauce

vegetarische Überraschungspakete | *Zubereitung: ca. 1 Std. 10 Min.* | *Pro Stück: ca. 25 kcal*

Für 16 Stück

Für die Sauce:

Saft von 2 Mandarinen
2 EL Zitronensaft
3 EL Sojasauce
1 1/2 TL Zucker
2 Msp. gemahlener Sansho-Pfeffer (aus dem Asienladen, s. Tipp)

Für die Röllchen:

4 getrocknete Shiitake-Pilze
1 kleine frische rote Chilischote
1 Knoblauchzehe
1 Stück frischer Ingwer (ca. 1 cm)
2 Frühlingszwiebeln
120 g Tofu
1 EL Sojasauce
1 EL Mirin (s. S. 97)
1 EL Sonnenblumenöl
16 Chinakohlblätter
1 TL schwarze Sesamsamen

Gut zu wissen

Bei **Sansho-Pfeffer** handelt es sich um die getrockneten, meist gemahlenen Samen einer Eschenart. Er ähnelt im Geschmack chinesischem Sichuanpfeffer, der sich daher gut als Ersatz eignet.

1 Für die Sauce Zitrussaft, Sojasauce, Zucker und Pfeffer in einem kleinen Topf aufkochen. Bei mittlerer Hitze 3 Min. kochen lassen. Vom Herd nehmen und abkühlen lassen.

2 Für die Röllchen die Pilze mit heißem Wasser übergießen und 30 Min. einweichen. Inzwischen die Chilischote waschen, halbieren, entkernen und fein hacken. Knoblauch und Ingwer schälen, ebenfalls fein hacken. Frühlingszwiebeln waschen, putzen und fein hacken. Tofu trocken tupfen, grob zerschneiden und mit einer Gabel fein zerkrümeln. Mit Chili, Knoblauch, Ingwer, Sojasauce und Mirin mischen.

3 Die Pilze abgießen, Stiele abschneiden, die Hüte fein würfeln. Öl in einer beschichteten Pfanne erhitzen. Tofu und Pilze darin unter Rühren 3 Min. anbraten. Zwiebeln untermischen, vom Herd nehmen und abkühlen lassen.

4 Chinakohlblätter waschen und putzen. Wasser in einem großen Topf leicht zum Kochen bringen. Nacheinander je 4 Kohlblätter hineingeben und bei mittlerer Hitze ca. 1 Min. blanchieren. Herausnehmen, kurz in eiskaltes Wasser legen und in einem Sieb abtropfen lassen.

5 Jeweils 1 Kohlblatt auf ein Geschirrtuch legen und trocken tupfen. Den dicken Strunk wegschneiden. Je ca. 1 TL Tofumasse auf die Blattmitte setzen (**Bild 1**). Die untere Blattseite (Strunkseite) darüberschlagen und die seitlichen Ränder darüberklappen (**Bild 2**). Zum oberen Blattende aufrollen (**Bild 3**). Auf diese Weise alle Blätter füllen. Die Röllchen auf einer Platte anrichten und mit Sesamsamen bestreuen. Mit der Sauce zum Dippen servieren.

Scharfsaures Gemüse

supereinfach | *Zubereitung: ca. 20 Min.*
Marinieren: 12 Std. | *Pro Portion: ca. 55 kcal*

Für 2 Personen

1 Möhre
1 Stange Staudensellerie
100 g weißer Rettich
150 Spitzkohl (ersatzweise Weißkohl)
1 Stück frischer Ingwer (ca. 2 cm)
1 kleine frische rote Chilischote
1 TL Salz
3/4 TL Zucker
2 EL Reisessig

1 Das Gemüse waschen und putzen. Die Möhre schälen, in 3 cm lange Stücke schneiden und diese längs in dünne Scheiben schneiden. Die Selleriestange schräg in 5 mm dicke Scheiben schneiden. Den Rettich schälen und in 5 cm lange Stücke schneiden. Diese längs in 5 mm breite Scheiben, dann in 5 mm dicke Stifte schneiden. Den dicken Strunk vom Kohl entfernen und die Blätter in ca. 4 x 4 cm große Stücke schneiden.

2 Den Ingwer schälen und sehr fein würfeln. Chilischote waschen, halbieren, entkernen und fein hacken. Beides mit Salz, Zucker, Essig und den Gemüsestücken in einer Schüssel mischen. Einen Teller auf das Gemüse legen und diesen mit einer Konservendose beschweren. Mindestens 12 Std. oder über Nacht im Kühlschrank durchziehen lassen. Das Gemüse einmal durchmischen, leicht auspressen und in Schälchen servieren.

Scharfer Gurkensalat

einfach lecker | *Zubereitung: ca. 20 Min.*
Marinieren: 1 Std. | *Pro Portion: ca. 75 kcal*

Für 2 Personen

1 Salatgurke
1 Stück frischer Ingwer (ca. 3 cm)
3 EL Reisessig
2 EL Zucker | Salz
1 EL Shichimi togarashi (s. Tipp)
1 Kästchen Senfsprossen (ersatzweise Kresse)

1 Die Gurke schälen, längs halbieren und die Kerne mit einem Teelöffel herausschaben. Die Gurkenhälften in dünne Scheiben schneiden. Den Ingwer schälen und sehr fein würfeln oder reiben.

2 Essig, Zucker, Ingwer und 1/3 TL Salz verrühren. Mit den Gurkenscheiben mischen. Zugedeckt ca. 1 Std. ziehen lassen. Die Gurken abtropfen lassen, eventuell leicht ausdrücken und auf zwei Schälchen verteilen. Mit Shichimi togarashi bestreuen. Die Senfsprossen vom Beet schneiden und ebenfalls über den Salat streuen.

Gut zu wissen

Ihnen ist die aus Algen, Sesam, getrockneten Chilis und Orangenschalen bestehende Gewürzmischung **Shichimi togarashi** zu scharf? Dann streuen Sie einfach Nori-Flocken (Ao-Nori) über den Salat.

oben: Scharfsaures Gemüse | unten: Scharfer Gurkensalat

Brunnenkressesalat mit Nashi und Garnelen

frisch & fruchtig | *Zubereitung: ca. 25 Min.* | *Pro Portion: ca. 190 kcal*

Für 2–3 Personen

Für das Dressing:

1 Schalotte
1 Stück frischer Ingwer (ca. 1,5 cm)
1/2 Apfel (z. B. Granny Smith)
6 EL klarer Apfelsaft
4 EL Sojasauce
1 1/2 EL Reisessig
1 EL Mirin (s. Tipp)
1 Prise Zucker (nach Belieben)

Für den Salat:

1 Bund Brunnenkresse
1 kleine rote Paprikaschote
100 g gegarte, geschälte Garnelen
1 Nashi-Birne (s. Tipp)
1 EL Butter
2 EL Mirin (s. Tipp)
je 1 EL helle und schwarze Sesamsamen

1 Für das Dressing die Schalotte schälen und fein würfeln. Den Ingwer schälen und fein hacken oder reiben. Apfel waschen, schälen und das Kerngehäuse entfernen. Die Hälfte in Stücke schneiden. Alles mit Apfelsaft, Sojasauce, Essig und Mirin im Mixer oder mit dem Pürierstab cremig pürieren. Nach Belieben mit Zucker abschmecken.

2 Für den Salat die Brunnenkresse verlesen, waschen, trocken schütteln und in mundgerechte Stücke zupfen. Die Paprikaschote waschen, halbieren, putzen und in sehr kleine Würfel schneiden. Die Garnelen kalt abspülen und abtropfen lassen.

3 Die Nashi-Birne waschen, vierteln und das Kerngehäuse entfernen. Die Viertel in je 3–4 Spalten schneiden. Butter in einer beschichteten Pfanne erhitzen und die Nashi-Spalten darin bei mittlerer bis starker Hitze ca. 1 Min. anbraten, bis sie leicht gebräunt sind. Wenden und von der anderen Seite ebenfalls ca. 1 Min. braten. 1 EL Mirin zugeben, die Spalten darin schwenken und nochmals wenden. Übrigen Mirin zugeben, nochmals schwenken und vom Herd nehmen.

4 Die Brunnenkresse mit den Paprikawürfeln mischen und auf Teller verteilen. Garnelen und Nashi-Spalten darauf anrichten. Mit dem Dressing beträufeln und mit Sesam bestreuen.

Clever tauschen

Keine Brunnenkresse zu bekommen? Auch **Feldsalat** oder **breitblättriger Rucola** schmecken in dieser Kombination fein.

Gut zu wissen

Bei **Mirin** handelt es sich, wie bei **Sake,** um Reiswein, der allerdings im Vergleich viel süßer und sirupartiger ist. Mirin wird fast ausschließlich zum Kochen verwendet. Anstelle von Mirin können Sie auch süßen Sherry (z. B. Amontillado) und anstelle von Sake einen trockenen Sherry (dry) nehmen. **Nashi-Birnen** sehen aus wie Äpfel, haben aber ein leicht körniges, saftiges Fruchtfleisch – ähnlich einer festen Birne, die sich hier auch prima als Ersatz eignet.

Japanischer Salat mit frischen Sojabohnen

grüner Veggie-Spaß | *Zubereitung: ca. 35 Min.* | *Pro Portion: 380 kcal*

Für 2 Personen

Für das Dressing:

70 g Seidentofu
1 EL Sesampaste (s. S. 89)
1 EL Honig
2 EL frisch gepresster Zitronensaft
1 EL Reisessig
1 TL geröstetes Sesamöl
Salz | Chilipulver

Für den Salat:

250 g TK-Edamame (s. Tipp)
6 Kirschtomaten
100 g gemischter Asia-Blattsalat (s. Tipp)
Pfeffer (nach Belieben)

1 Für das Dressing den Tofu abtropfen lassen. Sesampaste, Honig, Zitronensaft, Essig und Sesamöl gut verrühren. Den Tofu mit dem Schneebesen kräftig unterrühren, bis eine cremige Sauce entstanden ist. Alternativ das Dressing pürieren. Mit Salz und Chilipulver pikant abschmecken.

2 Für den Salat einen Topf mit Wasser zum Kochen bringen. Die tiefgekühlten Edamame hineingeben und zugedeckt bei schwacher Hitze 5–7 Min. kochen lassen. In ein Sieb abgießen, kalt abbrausen und abtropfen lassen. Die Schoten öffnen und die Bohnen herauslösen.

3 Inzwischen die Tomaten waschen und vierteln. Den Blattsalat verlesen, waschen und trocken schleudern. Beides mit den Bohnen und dem Dressing mischen. Nach Belieben mit Pfeffer übermahlen.

Gut zu wissen

Edamame – die jungen grünen Sojabohnen in der Schote – gibt es tiefgefroren in japanischen oder asiatischen Lebensmittelgeschäften. Als Appetizer werden sie in Sushi-Bars einfach gekocht und gesalzen angeboten. Kein Problem zu Hause: Die Schoten wie beschrieben kochen, in ein Sieb abgießen und mit grobem Meersalz mischen. Zum Essen die Schoten aufbrechen und die Bohnen mit den Zähnen aus der Schale ziehen.
Asia-Blattsalate sind junge Salat- oder Gemüsepflanzenblätter, die auch unter der Bezeichnung Babysalat, Babyleafs oder Japanese Greens meist abgepackt angeboten werden: Rotstielige Mangoldblätter, dunkelrote Rote-Bete-Blätter, Tatsoi (asiatischer Senfkohl), Mizuna (japanischer Blattkohl) und asiatische Roter-Senf-Blätter sind häufig Bestandteil dieser schmackhaften und optisch äußerst attraktiven Mischungen.

Soba-Nudelsalat mit Krabben

ideales Sommeressen
Zubereitung: ca. 25 Min. | Pro Portion: ca. 565 kcal

Für 2 Personen

80 g Soba-Nudeln (s. Tipp) | 1/2 Bund Rucola | 1 kleine reife Avocado | 1 EL frisch gepresster Zitronensaft | 100 g gegarte Eismeerkrabben | 1/2 TL Senf | 1/2–1 TL Wasabipaste | 1 TL Honig | 2 EL Reisessig | 3 EL Sonnenblumenöl | Salz | Pfeffer | 1 Noriblatt

1 Die Nudeln nach Packungsangabe bissfest garen. In ein Sieb abgießen, kalt abspülen und abtropfen lassen. Inzwischen Rucola waschen, trocken schütteln und harte Stiele abschneiden. Die Blätter in breite Streifen schneiden. Avocado halbieren und den Kern entfernen. Das Fruchtfleisch aus der Schale lösen und in Würfel schneiden. Mit Zitronensaft mischen. Krabben in ein Sieb geben, kalt abspülen und abtropfen lassen.

2 Senf, Wasabipaste, Honig und Essig gut verrühren. Das Öl kräftig unterschlagen und mit Salz und Pfeffer würzen. Das Dressing behutsam mit Nudeln, Rucola, Avocado und Krabben mischen. Das Noriblatt mit einer Schere in schmale Streifen schneiden und über den Salat streuen.

Gut zu wissen

Soba-Nudeln sind japanische Buchweizennudeln. Sie finden sie im Bio-Laden oder Reformhaus und natürlich im Asienladen.

Sprossen-Salat mit Algen

raffiniert | *Zubereitung: 30 Min.*
Quellen: 1 Std. | Pro Portion: ca. 125 kcal

Für 2 Personen

2 TL Hijiki-Algen (s. Tipp) | 100 g Mungbohnensprossen | 1 große Möhre | 1/4 Bund Schnittlauch | 1 1/2 EL helle Sojasauce | 1 EL Reisessig | 1 EL Sonnenblumenöl | 1 TL geröstetes Sesamöl | Salz | 1 TL Sesamsamen

1 Die Algen unter fließend kaltem Wasser reinigen. Dann 1 Std. in kaltem Wasser quellen lassen. In ein Sieb abgießen. Zugedeckt bei mittlerer Hitze 20 Min. in Wasser kochen. In ein Sieb abgießen und abkühlen lassen.

2 Inzwischen die Sprossen waschen, verlesen, in ein Sieb geben und mit kochend heißem Wasser überbrühen. Möhre putzen, schälen und mit dem Sparschäler in dünne Späne hobeln. Schnittlauch waschen, trocken schütteln und in Röllchen schneiden.

3 Sojasauce, Essig und beide Öle verrühren, salzen. Algen, Sprossen, Möhren und Schnittlauch untermischen. Den Salat 5–10 Min. ziehen lassen. Auf zwei Schälchen verteilen und mit Sesam bestreuen.

Gut zu wissen

Die äußerst aromatischen, getrockneten **Hijiki-Algen** gibt es in vielen Bio-Läden. Wie bei allen Algen gilt: Sie sind sehr jodhaltig und sollten nur sparsam verzehrt werden, d. h. maximal 1 TL pro Person und Tag.

vorne: Sprossen-Salat mit Algen | hinten: Soba-Nudelsalat mit Krabben

Frittierte Tofuwürfel

Klassiker
Zubereitung: ca. 25 Min. | Pro Portion: ca. 440 kcal

Für 2 Personen

250 g Tofu | 80 g weißer Rettich
1 Stück frischer Ingwer (ca. 3 cm)
3 Frühlingszwiebeln | 100 g Speisestärke
1 l Öl zum Frittieren | 180 ml Dashi-Brühe (s. S. 81) | 2 EL Mirin (s. S. 97)
1 EL helle Sojasauce | 1/2 TL Zucker

1 Tofu aus der Lake nehmen und gut abtropfen lassen. In 8 Würfel schneiden und trocken tupfen. Rettich und Ingwer schälen, beides fein reiben. Die Frühlingszwiebeln waschen, abtrocknen und das Grün in feine Ringe schneiden.

2 Die Speisestärke in einen tiefen Teller geben und die Tofuwürfel darin wälzen. Das Öl in einem Topf stark erhitzen. Die Tofustücke darin in zwei Portionen in 2–3 Min. goldgelb frittieren.

3 Inzwischen die Dashi-Brühe mit Mirin, Sojasauce und Zucker aufkochen, bis sich der Zucker löst. Den Tofu mit einem Schaumlöffel aus dem Öl heben und auf Küchenpapier abtropfen lassen. Auf zwei Schälchen verteilen und die heiße Würzsauce dazugießen. Jeweils etwas Rettich und Ingwer auf den Tofu geben und mit Zwiebelringen bestreuen.

Süßscharfe Lackmaronen

zum Dazuessen
Zubereitung: ca. 20 Min. | Pro Portion: ca. 365 kcal

Für 2 Personen

250 g vorgegarte Maronen (vakuumverpackt)
1 kleine frische rote Chilischote
3 EL Zucker
4 EL Mirin (s. S. 97)
3 EL Sojasauce
1/2 Bio-Orange

1 Die Maronen aus der Packung nehmen und vorsichtig voneinander trennen. Die Chilischote waschen, längs aufschlitzen, entkernen und fein hacken.

2 Den Zucker in einem Topf bei mittlerer Hitze hellbraun karamellisieren lassen. Maronen und Chili zugeben. Vom Herd nehmen und vorsichtig Mirin, Sojasauce und 75 ml Wasser zugießen. Auf den Herd zurückstellen und bei mittlerer Hitze 8–10 Min. sanft kochen lassen, bis sich der Karamell vollständig gelöst hat. Dabei gelegentlich umrühren.

3 Die Orange heiß waschen, abtrocknen und die Schale mit einem Zestenreißer dünn abziehen. Unter die Maronen mischen und 1 Min. ziehen lassen. Die Maronen vom Herd nehmen und im Sirup abkühlen lassen. Die Maronen schmecken als Beilage zu gesäuertem Reis, gegrilltem Fleisch oder sauer mariniertem Gemüse.

links: Süßscharfe Lackmaronen | rechts: Frittierte Tofuwürfel

Gedämpfte Eier-Pilz-Würfel

luftig fein | *Zubereitung: ca. 55 Min.* | *Pro Stück: ca. 15 kcal*

Für 20 Würfel

3 Eier (Größe L)
200 ml Dashi-Brühe (s. S. 81)
2 EL Sojasauce
2 EL Mirin (s. S. 97)
1 TL Salz
6 braune Champignons
3 Frühlingszwiebeln

Außerdem:

Dämpfeinsatz
Porzellanform (ca. 12 x 15 cm)
sauberes Geschirrtuch

1 Die Eier aufschlagen. Mit Dashi-Brühe, Sojasauce, Mirin und Salz kräftig verquirlen, aber nicht schaumig schlagen. Am besten kurz mit dem Pürierstab durchschlagen.

2 Die Champignons trocken abreiben. Die Stiele abschneiden, die Pilzkappen in 5 mm große Würfel schneiden. Frühlingszwiebeln waschen, putzen, längs halbieren oder vierteln und klein hacken. Beides mit dem Ei mischen.

3 Etwas Wasser in einen großen Topf füllen und den Dämpfeinsatz hineinstellen. Das Wasser erhitzen, bis es siedet. Die Hälfte der Eiermasse in die Form gießen und diese auf den Dämpfeinsatz stellen.

4 Das Geschirrtuch um den Topfdeckel schlagen. Den umwickelten Deckel fest auf den Topf legen, so dass kein Kondenswasser in die Eiermasse tropft. Die Masse 15–20 Min. dämpfen, bis das Ei leicht gestockt ist. Die restliche Eiermasse daraufgießen und in weiteren 15–20 Min. fertig garen.

5 Die Form herausnehmen und das Ei auskühlen lassen. Vorsichtig mit einem Messer am Rand aus der Form lösen und auf eine Platte stürzen. In ca. 20 Würfel schneiden und diese auf einer Platte anrichten.

Clever servieren

Besonders edel wirken die Würfel, wenn Sie noch etwas Forellenkaviar und 2–3 längere Schnittlauchhalme auf jeden Würfel legen.

Clever tauschen

Anstelle von Pilzen schmecken auch ca. **50 g klein gehackte, gegarte Garnelen oder Krabben** ganz hervorragend.

Gegrillter Miso-Lachs

knusprig | *Zubereitung: ca. 20 Min.*
Marinieren: 24 Std. | *Pro Portion: ca. 360 kcal*

Für 2 Personen

2 Lachsfilets mit Haut (à ca. 125 g)
1/2 Knoblauchzehe | 1 TL Chilisauce
3 EL weißes Miso (Shiromiso, s. S. 81)
2 EL Mirin (s. S. 97) | 2 EL Sake (s. S. 97)
1 TL Zucker | Salz
Pfeffer | 1 Frühlingszwiebel

Außerdem:

Alufolie | 1 TL Sonnenblumenöl

1 Die Lachsfilets trocken tupfen. Knoblauch schälen und durchpressen. Mit Chilisauce, Miso, Mirin, Sake und Zucker gut verrühren. Den Fisch darin wenden und mit der Hautseite nach oben zugedeckt 24 Std. oder über Nacht im Kühlschrank marinieren.

2 Den Backofen auf 220° vorheizen. Den Grillrost mit einem Bogen Alufolie belegen und mit Öl bepinseln. Den Lachs aus der Marinade nehmen, trocken tupfen, leicht salzen und pfeffern. Mit der Hautseite nach oben auf die Folie legen. Den Grill zuschalten und den Fisch im heißen Ofen (oben) 5–7 Min. garen. Wenden und auf der anderen Seite in weiteren 5–7 Min. knusprig braun garen.

3 Die Frühlingszwiebel waschen, putzen und schräg in dünne Ringe schneiden. Über den Fisch streuen und warm servieren.

Limetten-Schwertfisch

kalorienarm | *Zubereitung: ca. 15 Min.*
Marinieren: 4 Std. | *Pro Portion: ca. 225 kcal*

Für 2 Personen

1 dicke Scheibe Schwertfisch (ca. 250 g)
1 Bio-Limette | 2 EL Sake (s. S. 97) | 2 EL Mirin (s. S. 97) | 3 EL Sojasauce | Salz | Pfeffer

Außerdem:

Grillpfanne | 1 EL Sonnenblumenöl

1 Fisch trocken tupfen und in gleich große Würfel schneiden, dabei eventuell die Haut entfernen. Limette heiß waschen, abtrocknen, halbieren. Von einer Hälfte die Schale fein abreiben und den Saft auspressen. Die zweite Hälfte in dünne Scheiben schneiden.

2 1 EL Limettensaft und 2 Msp. Limettenschale mit Sake, Mirin und Sojasauce in einer Schale verrühren. Fisch und Limettenscheiben darin wenden und zugedeckt im Kühlschrank 4 Std. marinieren.

3 Fisch und Limetten aus der Marinade nehmen, trocken tupfen, salzen und pfeffern. Eine Grillpfanne mit wenig Öl einreiben und erhitzen. Fisch und Limettenscheiben hineinlegen. Die Fischwürfel bei mittlerer Hitze von jeder Seite ca. 1 Min. braten, bis sie rundum goldbraun sind. Die Limettenscheiben ebenfalls mehrmals wenden. Den Fisch auf den Limettenscheiben anrichten. Warm oder kalt servieren.

links: Gegrillter Miso-Lachs | rechts: Limetten-Schwertfisch

Marinierte Entenbrust

macht was her | *Zubereitung: ca. 35 Min.*
Ruhen: ca. 3 Std. | *Pro Portion: ca. 390 kcal*

Für 2 Personen

1 Entenbrustfilet mit Haut (ca. 400 g)
Salz | Pfeffer | 1/2 Bio-Orange
3 EL Sake (s. S. 97) | 3 EL Sojasauce
1 EL Zucker

1 Die Entenbrust trocken tupfen und die Haut mit einem scharfen Messer kreuzweise einritzen. Das Filet beidseitig sparsam mit Salz und Pfeffer würzen. Orange heiß abwaschen, abtrocknen und die Schale grob abreiben. Mit Sake, Sojasauce, Zucker und 5 EL Wasser verrühren.

2 Den Backofen auf 220° vorheizen. Eine ofenfeste Pfanne erhitzen. Die Entenbrust mit der Hautseite nach unten darin bei starker Hitze 3–4 Min. anbraten. Wenden und weitere 3–5 Min. braten. Das Fett abgießen. Die Sauce in die Pfanne gießen und das Filet im Ofen (Mitte, Umluft 200°) in ca. 20 Min. fertig garen.

3 Das Fleisch aus der Sauce nehmen und lauwarm abkühlen lassen. Inzwischen die Sauce bei starker Hitze in 3–5 Min. um ein Drittel einkochen lassen. Die Entenbrust in Scheiben schneiden und mit der Sauce übergießen. Lauwarm servieren oder alternativ noch ca. 3 Std. durchziehen lassen.

Hähnchenrolle in Pflaumenwein

edel | *Zubereitung: ca. 40 Min.* | *Pro Portion: ca. 335 kcal*

Für 2 Personen

2 Hähnchenbrustfilets (à ca. 150 g) | 1 dünne Möhre | 2 Frühlingszwiebeln | 1 Stück frischer Ingwer (ca. 2 cm) | 1 TL Wasabipaste | Salz Pfeffer | 2 EL Sonnenblumenöl | 180 ml Pflaumenwein | 1 EL helle Sojasauce | 1 TL Zucker

Außerdem:

2 Rouladennadeln

1 Filets trocken tupfen, seitlich längs einschneiden und flach aufklappen. Möhre putzen, schälen und längs achteln. Frühlingszwiebeln waschen und putzen. Mit den Möhrenstreifen auf die Länge der Filets zuschneiden. Ingwer schälen und in feine Scheiben schneiden.

2 Filets innen mit Wasabi bestreichen, salzen und pfeffern. Möhren und Zwiebelstücke längs in die Mitte legen. Die Filets aufrollen und gut feststecken, salzen und pfeffern.

3 Das Öl in einer Pfanne erhitzen und die Rouladen darin bei mittlerer Hitze rundum anbraten. 120 ml Pflaumenwein, Sojasauce und Ingwer zugeben und zugedeckt bei mittlerer Hitze 15–20 Min. garen. Das Fleisch herausnehmen. 60 ml Pflaumenwein und Zucker einrühren und offen bei starker Hitze leicht einkochen lassen. Die Sauce in eine Schale gießen, die Hähnchenrollen in Scheiben schneiden und darauf anrichten.

links: Hähnchenrolle in Pflaumenwein | rechts: Marinierte Entenbrust

Hähnchen-Yakitori

Partyhäppchen am Spieß | *Zubereitung: ca. 35 Min.* | *Pro Spieß: ca. 135 kcal*

Für 4 Spieße

3 EL Sojasauce | 3 EL Mirin (s. S. 97)
1 EL Sake (s. S. 97) | 2 EL Zucker
250 g Hähnchenbrustfilet | 4 nicht zu dünne Frühlingszwiebeln | 1 EL Sonnenblumenöl

Außerdem:

4 kurze Holzspieße | Grillpfanne | Backpinsel

1 Sojasauce, Mirin, Sake und Zucker in einem kleinen Topf mischen. Einmal aufkochen, dann bei starker Hitze 3–4 Min. unter Rühren sirupartig einkochen lassen.

2 Das Fleisch trocken tupfen und in ca. 3 cm große Würfel schneiden. Frühlingszwiebeln waschen, putzen und die weißen Teile in 4 gleich lange Stücke (ca. 4 cm) schneiden. Die Fleischwürfel und Zwiebelstücke abwechselnd auf die Spieße stecken.

3 Eine Grillpfanne mit wenig Öl bepinseln und erhitzen. Die Spieße darin ca. 1 Min. anbraten. Auf die gegenüberliegende Seite wenden und die gegrillte Seite mit Sauce bepinseln. 1 Min. weiterbraten, auf die dritte Seite wenden, die gegrillte Seite bepinseln. Die vierte Seite ebenso braten. Diesen Vorgang noch 2–3-mal wiederholen. Die gegrillte Seite dabei immer gut mit Sauce bepinseln, dafür auch ausgetretenen Saft verwenden. Wenn die Spieße dunkelbraun glänzen, sofort servieren.

Variante mit Rindfleisch und Pilzen

Für 4 Spieße | **250 g Rinderfilet** in 3 cm große Würfel schneiden. **8 möglichst dicke Shiitake-Pilze** trocken abreiben. Die Stiele abschneiden, die Pilzkappen halbieren. Die Filetwürfel und Pilzhälften abwechselnd auf 4 Spieße stecken. Rundum mit **schwarzem Pfeffer** übermahlen, wie beschrieben braten und mit Yakitori-Sauce bepinseln. Sofort servieren.

Variante: Leberspieße

Für 4 Spieße | **250 g Kalbsleber** von Häutchen und Sehnen befreien, dann in gleichmäßig große Würfel schneiden. Diese auf 4 Spieße stecken. Wie beschrieben braten, allerdings reichen hier insgesamt 2 Wendedurchgänge. Vor dem Servieren mit **gemahlenem Sansho-Pfeffer** (s. S. 93) bestreuen.

Besonders clever!

Grillfans kommen hier im Sommer natürlich auch im Freien mit dem Holzkohlegrill voll auf ihre Kosten!

Japanische Pfannkuchen mit Hackfleisch

kleine Sattmacher | *Zubereitung: ca. 40 Min.* | *Pro Portion: ca. 290 kcal*

Für 2–3 Personen

1 kleine Zwiebel
1 frische rote Chilischote
1 EL Sonnenblumenöl + Öl zum Braten
100 g gemischtes Hackfleisch
1 EL Sojasauce
Salz | Pfeffer
100 g Mehl
2 Msp. Backpulver
2 Eier
180 ml kohlensäurehaltiges Mineralwasser
1 TL Mirin (s. S. 97)
80 g Zucchini
1 Möhre
3 EL Mungbohnensprossen

Außerdem:

Sojasauce zum Servieren

1 Die Zwiebel schälen und fein würfeln. Die Chilischote waschen, halbieren, entkernen und fein hacken. 1 EL Öl in einer beschichteten Pfanne erhitzen und die Zwiebel darin glasig braten. Chili und Hackfleisch zugeben und 1 Min. unter Rühren anbraten. Mit Sojasauce beträufeln und unter Rühren bei starker Hitze krümelig braun braten. Salzen und pfeffern, vom Herd nehmen und abkühlen lassen.

2 Inzwischen Mehl und Backpulver mischen. Mit Eiern, Mineralwasser, Mirin und 1 Prise Salz mit dem Schneebesen zu einem glatten Teig verrühren. Zucchini waschen und putzen, Möhre putzen und schälen. Beides in feine Stifte schneiden oder mit der Rohkostreibe in Juliennestreifen oder grobe Raspel reiben. Sprossen in ein Sieb geben, kalt abbrausen und abtropfen lassen.

3 Das Hackfleisch und die Gemüsestreifen unter den Pfannkuchenteig rühren. 2–3 EL Öl in einer großen beschichteten Pfanne erhitzen. Je 1 EL Teig pro Pfannkuchen in die Pfanne geben und mit dem Löffel flach und rund formen. Jeweils einige Sprossen darauf verteilen. Die Küchlein bei starker Hitze in 2–3 Min. goldbraun braten. Wenden und die zweite Seite ebenfalls goldbraun braten. Herausnehmen und auf Küchenpapier abtropfen lassen. Fortfahren, bis der gesamte Teig aufgebraucht ist. Die Pfannkuchen heiß oder lauwarm mit Sojasauce servieren.

Clever variieren

Wer es lieber **vegetarisch** mag, zerdrückt 100 g festen Tofu mit einer Gabel und schneidet 2 Frühlingszwiebeln in feine Ringe, Dann beides mit 1/2 TL Sambal oelek oder 1 TL Chilisauce und 1 EL Sojasauce anstelle des Hackfleisches unter den Pfannkuchenteig mischen.

1

2

3

Tintenfisch-Gemüse-Tempura

***kross & knusprig** | Zubereitung: ca. 1 Std. | Pro Portion: ca. 325 kcal*

Für 4 Personen

Für den Teig:

1 Ei | 125 g Tempura-Mehl

Für Gemüse und Tintenfisch:

- 250 g Tintenfischtuben (Calamari)
- 1 kleiner Zucchino
- 1 kleine dünne Aubergine
- 4 große Austernpilze
- 4 Frühlingszwiebeln
- ca. 1 1/2 l Öl zum Frittieren
- ca. 75 g Tempura-Mehl zum Wenden

1 Für den Teig das Ei mit 250 ml eiskaltem Wasser verquirlen. Tempura-Mehl mit dem Schneebesen zügig unterrühren – es macht nichts, wenn Klümpchen darin sind. Den Teig in den Kühlschrank stellen.

2 Die Tintenfische säubern, trocken tupfen und in ca. 1 cm breite Ringe schneiden. Das Gemüse waschen, putzen und gut trocken tupfen. Den Zucchino längs in 5 mm dicke Scheiben schneiden, diese quer halbieren. Die Aubergine schräg in 5 mm dicke Scheiben und die Pilze in 2 cm breite Streifen schneiden. Den weißen Teil der Frühlingszwiebeln jeweils halbieren, den grünen Teil wegschneiden.

3 Das Öl in einem Topf erhitzen. Den Teig nochmals durchrühren. 1 Tropfen Teig ins Fett geben. Wenn er sprudelnd an der Oberfläche bleibt und nicht zum Topfboden sinkt, ist das Fett heiß genug (**Bild 1**). Die Tintenfischringe und Gemüsestücke portionsweise kurz im Mehl wenden. Abklopfen (**Bild 2**), durch den Teig ziehen und ins heiße Fett geben. In 1–2 Min. hellgelb frittieren, der Teig soll nicht bräunen. Dabei jeweils höchstens 6–7 Stücke ins Fett geben, da sonst die Frittiertemperatur zu sehr absinkt.

4 Die fertig frittierten Stücke mit einer Schaumkelle aus dem Öl heben (**Bild 3**) und auf Küchenpapier abtropfen lassen. Eventuell bei 90° im Backofen warm halten. Heiß mit Sojasauce oder einem anderen Saucendip servieren.

Clever kühlen

Tempurateig muss wirklich eiskalt sein. Hier hilft ein einfacher Trick: Ei und Mehl mit 200 ml Wasser und 2–3 Eiswürfeln möglichst in einer Metallschüssel verschlagen. Den Teig anschließend für 30–60 Min. in den Kühlschrank stellen.

Kokos-Garnelen-Tempura

mit Karibik-Touch

Zubereitung: ca. 25 Min. | Pro Portion: ca. 745 kcal

Für 2 Personen

1 Ei | 150 g Tempura-Mehl
8 rohe Garnelen (à ca. 40 g)
75 g Kokosraspel
1 l Öl zum Frittieren

1 Das Ei mit 200 ml eiskaltem Wasser verquirlen. Zügig 100 g Mehl mit dem Schneebesen unterrühren (s. S. 115). Den Teig in den Kühlschrank stellen.

2 Von den Garnelen Kopf und Panzer bis auf ein kleines Schwanzstück entfernen. Am Rücken entlang einschneiden und den schwarzen Darmfaden entfernen. Die Garnelen waschen und trocken tupfen. Auf der Bauchseite mehrmals quer einschneiden, damit sie sich beim Frittieren nicht einrollen.

3 50 g Mehl in einen tiefen Teller streuen, die Kokosraspel in einem zweiten Teller verteilen. Das Öl in einem Topf erhitzen. Die Garnelen erst in Mehl wenden, abklopfen, dann durch den Teig ziehen und zuletzt in den Kokosraspeln wenden. Im heißen Öl in zwei Portionen nacheinander hellgelb frittieren. Auf Küchenpapier abtropfen lassen und heiß servieren.

Tempura-Lauchbällchen

toll zu Bier

Zubereitung: ca. 40 Min. | Pro Portion: ca. 215 kcal

Für 2 Personen

1 Ei | 50 g Tempura-Mehl
1 dicke Stange Lauch | Salz
1 EL schwarzer Sesamsamen
3/4 TL Shichimi togarashi (s. S. 95)
1 l Öl zum Frittieren

1 Das Ei mit 5 EL eiskaltem Wasser verquirlen. Mit dem Mehl mit dem Schneebesen kräftig zu einem dicken Teig verrühren (s. S. 115). Den Teig in den Kühlschrank stellen.

2 Lauch waschen, abtrocknen, putzen und in 5 mm dicke Ringe schneiden. Mit 1/2 TL Salz mischen und mit den Händen kräftig durchkneten. Sesam und Shichimi togarashi unterrühren, 10 Min. ziehen lassen.

3 Das Öl in einem Topf erhitzen. Den Lauch unter den Teig rühren. Mit einem Teelöffel und einer Gabel jeweils 1 TL Lauch mit Teig herausnehmen und ins heiße Öl gleiten lassen. Lauchbällchen portionsweise hellbraun frittieren. Herausnehmen und auf Küchenpapier abtropfen lassen. Heiß servieren.

links: Kokos-Garnelen-Tempura | rechts: Tempura-Lauchbällchen

Süße Sushi
mit Erdbeeren

zum Naschen | *Zubereitung: ca. 45 Min.* | *Quellen: 30 Min.* | *Pro Stück: ca. 60 kcal*

Für 12 Stück

100 g Sushi-Reis
110 ml Kokosmilch (aus der Dose)
1 Bio-Limette
1 1/2 EL Zucker
1 1/2 EL Kokoslikör (z. B. Batida de Coco, ersatzweise Wasser)
4 schöne große Erdbeeren
1 EL Orangenlikör (ersatzweise 1 TL Limettensaft)
1 Päckchen Vanillezucker
3 EL Doppelrahmfrischkäse
1 EL gemahlene, ungesalzene Pistazienkerne zum Verzieren (nach Belieben)

Außerdem:

sauberes Geschirrtuch

Clever variieren

Manchmal setzt sich bei Kokosmilch in Dosen oben eine cremige Schicht ab. Diesen **»Kokosrahm«** können Sie statt Frischkäse und ohne Erdbeermarinade auf die Sushi streichen. Anstelle der Marinade einfach etwas Vanillezucker auf die Kokoscreme streuen und die Erdbeeren auflegen.

1 Den Reis mehrmals waschen, 30 Min. quellen lassen und abgießen (s. S. 11). Die Kokosmilch öffnen, dicke Cremeschicht abnehmen (s. Tipp). 110 ml Kokosmilch mit dem abgetropften Reis in einem kleinen Topf zugedeckt zum Kochen bringen. Einmal aufkochen, dann zugedeckt bei sehr schwacher Hitze 10 Min. garen. Den Topf vom Herd nehmen, Deckel abheben und das Geschirrtuch über den Topf breiten. Den Reis 10 Min. abkühlen lassen, dann in einen tiefen Teller geben.

2 Inzwischen die Limette heiß waschen und abtrocknen. Ca. 2 Msp. Schale abreiben, die Frucht auspressen. 1 EL Saft mit Zucker und Kokoslikör verrühren, bis sich der Zucker gelöst hat. Erdbeeren, waschen, trocken tupfen, putzen und längs in 3 gleichmäßig dicke Scheiben schneiden. Orangenlikör mit Limettenschale und Vanillezucker verrühren. Die Erdbeeren darin marinieren.

3 Die Zucker-Limettensaft-Mischung über den Reis träufeln und mit einem Holzspatel unterziehen (s. S. 11). Den Reis vollständig abkühlen lassen, dabei eventuell etwas Luft zufächeln. Den Reis in 12 Portionen teilen. Etwas Limettensaft mit Wasser mischen und in einer Schale bereitstellen. Die Hände leicht damit befeuchten und aus dem Reis 12 Sushi-Bällchen formen.

4 Die Erdbeeren aus der Marinade heben. Die Marinade mit dem Frischkäse verrühren. Jedes Sushi-Klößchen oben mit etwas Frischkäse bestreichen und jeweils 1 Erdbeerscheibe darauflegen. Nach Belieben mit Pistazien bestreuen.

Melonen-Kokos-Geleewürfel

frisch & fruchtig | *Zubereitung: ca. 25 Min.*
Kühlen: 6 Std. | *Pro Würfel: ca. 60 kcal*

Für 16 Würfel

500 g Galia-Melone | 120 ml grüner Melonenlikör (Midori) | 6 Blatt weiße Gelatine
2 Stängel Zitronengras | 250 ml Kokosmilch
100 ml Sahne | 3 EL Zucker

Außerdem:

Porzellanform (ca. 16 x 16 cm)

1 Die Kerne aus der Melone schaben und die Frucht schälen. Fruchtfleisch würfeln und mit dem Likör pürieren. Durch ein feines Sieb streichen. 3 Blatt Gelatine in kaltem Wasser einweichen. Ausdrücken und bei schwacher Hitze auflösen. Mit 2 EL Melonensaft verrühren, dann in den restlichen Melonensaft einrühren. In die Form gießen und im Kühlschrank in ca. 3 Std. gelieren lassen.

2 Inzwischen das Zitronengras putzen und klein hacken. Mit Kokosmilch, Sahne und Zucker aufkochen. Bei schwacher Hitze 5 Min. sanft kochen lassen, dann 2 Std. ziehen lassen.

3 Die Kokossahne durch ein Sieb gießen. 3 Blatt Gelatine in kaltem Wasser einweichen. Ausdrücken, bei schwacher Hitze auflösen und wie in Schritt 1 beschrieben mit der Kokossahne verrühren. Die Masse auf das Melonengelee gießen und ebenfalls in 2–3 Std. im Kühlschrank gelieren lassen. Zum Stürzen den Boden der Form kurz in heißes Wasser tauchen. Das Gelee auf eine Platte stürzen und in 16 Würfel schneiden.

Kakis in Vanillesirup

herbstlich
Zubereitung: ca. 25 Min. | *Pro Portion: ca. 415 kcal*

Für 2 Personen

2 feste Kakis | 2 Orangen | 1/2 Bio-Zitrone
1/2 Vanilleschote | 120 g Zucker | 2 Sternanis
2 EL Sake (s. S. 97, nach Belieben)

1 Stielansätze von den Kakis abschneiden. Die Haut mit einem spitzen Messer abziehen, die Früchte in ca. 1 cm dicke Scheiben schneiden.

2 Orangen auspressen. Die Zitrone heiß abwaschen und abtrocknen. Ca. 2 Msp. Schale abreiben, Saft auspressen. Vanilleschote längs aufschlitzen und das Mark herausschaben.

3 Den Orangensaft mit Wasser auf 200 ml ergänzen. Mit Zucker, Zitronenschale, Vanillemark und -schote sowie Sternanis in einem Topf erhitzen, bis sich der Zucker löst. Die Kakis zugeben und zugedeckt bei schwacher Hitze in 20–25 Min. weich garen. Die Früchte dürfen jedoch nicht zerfallen. Die Kakis herausheben. Den Sud bei starker Hitze in 8–10 Min. sirupartig einkochen. Den Zitronensaft und nach Belieben Sake zugeben, 1–2 Min. ziehen lassen und über die Kakis gießen. Abgekühlt servieren.

oben: Melonen-Kokos-Geleewürfel | unten: Kakis in Vanillesirup

Sushi – einfach gut in Form 20

Sushi – schnell gerollt & geschichtet 46

Kleinigkeiten – frisch aufgetischt 78

Die Autorin

Tanja Dusy liebt die asiatische Küche. Neben den gewürzsatten Gerichten Indiens hat es ihr im Moment die feine Reduktion japanischer Kochkunst angetan. Auf der Suche nach dem perfekten Sushi ging die studierte Germanistin und Kochbuchredakteurin wieder den Weg des geduldigen Probierens am eigenen Herd und der aufmerksamen Recherche bei Sushi-Meistern – wie schon bei ihren früheren Titeln *Indien*, *Indien Basics* und *Indisch kochen*.

Die Fotografen

Tanja & Harry Bischof sind seit über zehn Jahren ein Team in Sachen Food-Fotografie. Ihre Liebe zum Kochen, Essen und zur Tischkultur und ihre stimmungsvolle Betrachtungsweise – realisiert mittels Styling, Requisite, Licht & Kamera – verschmelzen zu ansprechender Stillife-Fotografie mit dem ständigen Lieblingsthema FOOD. Tatkräftig unterstützt hat sie bei diesem Buch **Leonie Kersten** (Assistenz und Handmodel).
Das Fotostudio dankt Frau **Yuka Schitter** für die japanischen Accessoires und der Keramikwerkstatt **Heike Fritz** für die japanischen Töpferarbeiten.

Projektleitung und Redaktion:
Alessandra Redies
Lektorat:
Petra Teetz
Korrektorat:
Cora Wetzstein
Innenlayout, Typographie und Umschlaggestaltung:
independent Medien-Design, Horst Moser, München
Satz:
Knipping Werbung GmbH, Berg/Starnberg
Herstellung:
Petra Roth
Reproduktion:
Longo AG, Bozen
Druck und Bindung:
Printer, Trento
Syndication:
www.jalag-syndication.de

ISBN 978-3-8338-1060-2

7. Auflage 2014

www.facebook.com/gu.verlag

GRÄFE UND UNZER

Ein Unternehmen der
GANSKE VERLAGSGRUPPE

QUALITÄTS G|U GARANTIE

DIE GU-QUALITÄTS-GARANTIE

Liebe Leserin, lieber Leser,
wir möchten Ihnen mit den Informationen und Anregungen in diesem Buch das Leben erleichtern und Sie inspirieren, Neues auszuprobieren. Alle Informationen werden von unseren Autoren gewissenhaft erstellt und von unseren Redakteuren sorgfältig ausgewählt und mehrfach geprüft. Deshalb bieten wir Ihnen eine 100 %ige Qualitätsgarantie. Sollten wir mit diesem Buch Ihre Erwartungen nicht erfüllen, lassen Sie es uns bitte wissen. Sie erhalten von uns kostenlos einen Ratgeber zum gleichen oder ähnlichen Thema.
Wir freuen uns auf Ihre Rückmeldung, auf Lob, Kritik und Anregungen, damit wir für Sie immer besser werden können.

GRÄFE UND UNZER Verlag
Leserservice
Postfach 86 03 13
81630 München
E-Mail:
leserservice@graefe-und-unzer.de

Telefon: 00800 – 72 37 33 33*
Telefax: 00800 – 50 12 05 44*
Mo–Do: 8.00–18.00 Uhr
Fr: 8.00–16.00 Uhr
(gebührenfrei in D, A, CH)*

Ihr GRÄFE UND UNZER Verlag
Der erste Ratgeberverlag – seit 1722.